© Assimil 2015
ISBN 978-2-7005-0658-7
ISSN 2266-1158

Création graphique : Atwazart

# Coréen

**Inseon KIM**

B.P. 25
94431 Chennevières sur Marne cedex
France

Cet ouvrage ne prétend pas remplacer un cours de langue, mais si vous investissez un peu de temps dans sa lecture et apprenez quelques phrases, vous pourrez très vite communiquer. Tout sera alors différent, vous vivrez une expérience nouvelle.

**Un conseil** : ne cherchez pas la perfection ! Vos interlocuteurs vous pardonneront volontiers les petites fautes que vous pourriez commettre au début. **Le plus important, c'est d'abandonner vos complexes et d'oser parler.**

# Partie I — INTRODUCTION — 9

**Comment utiliser ce guide** .......... 9
**La Corée du Sud : faits et chiffres** .......... 10
**La Corée du Sud : données historiques** .......... 10
**La langue coréenne** .......... 11

# Partie II — INITIATION AU CORÉEN — 15

**Du 1er jour au 21e jour** .......... 15

# Partie III — CONVERSATION — 57

**Premiers contacts** .......... 57
  Salutations .......... 57
  Souhaits .......... 59
  Accord, désaccord .......... 59
  Questions, réponses .......... 60
  Langage du corps .......... 61
  Langues et compréhension .......... 61

**Rencontres et présentations** .......... 63
  Se rencontrer .......... 63
  Se présenter ou présenter quelqu'un .......... 65
  Dire d'où l'on vient .......... 66
  Dire son âge .......... 66
  Famille .......... 67
  Emploi, activités, études .......... 69
  Religions, traditions .......... 71
  Le temps qu'il fait .......... 72
  Sentiments et opinions .......... 73

| | |
|---|---|
| Invitation, visite | 74 |
| Un rendez-vous ? | 77 |
| L'amour | 78 |

## Temps, dates et fêtes — 79
| | |
|---|---|
| Dire l'heure | 79 |
| Dire une date | 80 |
| Vocabulaire du temps, des jours et des saisons | 80 |
| Jours fériés | 83 |

## Appel à l'aide — 85
| | |
|---|---|
| Urgences | 85 |
| En cas de perte ou de vol | 85 |
| Sur la route | 86 |

## Panneaux — 88

## Voyager — 88
| | |
|---|---|
| Côntrole des passeports et douane | 88 |
| Change | 92 |
| En avion | 94 |
| En autocar et en train | 95 |
| En bateau | 97 |
| En taxi | 97 |
| Les deux-roues | 99 |
| Louer une voiture | 100 |
| Circuler en voiture | 100 |

## En ville — 103
| | |
|---|---|
| Pour trouver son chemin | 103 |
| Métro et bus | 104 |
| Visite d'expositions, musées, sites | 106 |
| Autres curiosités | 107 |
| À la poste | 107 |

| | |
|---|---:|
| Au téléphone | **108** |
| Internet et informatique | **110** |
| L'administration | **111** |
| À la banque | **111** |
| Sorties au cinéma, au théâtre, à un concert… | **112** |
| Chez le coiffeur | **114** |

## À la campagne, à la plage, à la montagne — **115**

| | |
|---|---:|
| Sports de loisir | **115** |
| À la piscine, à la plage | **116** |
| Camper et camping | **117** |
| Arbres et plantes sauvages | **118** |
| Animaux | **118** |

## Hébergement — **122**

| | |
|---|---:|
| Réservation d'hôtel | **122** |
| À la réception | **124** |
| Vocabulaire des services et du petit-déjeuner | **124** |
| En cas de petits problèmes… | **126** |
| Régler la note | **127** |

## Nourriture — **127**

| | |
|---|---:|
| Au restaurant | **127** |
| Spécialités et plats traditionnels | **131** |
| Vocabulaire des mets et des aliments | **131** |
| Façons de préparer, sauces et assaisonnements | **133** |
| Exprimer le goût | **135** |
| Boissons | **135** |

## Achats et souvenirs — **137**

| | |
|---|---:|
| Magasins et services | **137** |
| Livres, revues, journaux, musique… | **139** |

Blanchisserie-teinturerie .................................................... 140
  Vêtements et chaussures ..................................................... 141
  Tabac .................................................................................... 143
  Photo .................................................................................... 144
  Provisions ............................................................................. 146
  Souvenirs .............................................................................. 146

**Rendez-vous professionnels** ............................................. **147**
  Fixer un rendez-vous ........................................................... 147
  Visiter l'entreprise ................................................................ 148
  Vocabulaire de l'entreprise ................................................. 149
  Salons et expositions .......................................................... 150

**Santé** ..................................................................................... **150**
  Chez le médecin, aux urgences ......................................... 150
  Symptômes ........................................................................... 152
  Douleurs et parties du corps .............................................. 153
  Santé de la femme ............................................................... 154
  Soins médicaux .................................................................... 155
  Chez le dentiste ................................................................... 156
  Chez l'opticien ..................................................................... 156
  Pharmacie ............................................................................. 157

# Partie IV            INDEX THÉMATIQUE

# Introduction

## ⌅ **Comment utiliser ce guide**
### La partie "Initiation"

Vous disposez d'une petite demi-heure quotidienne ? Vous avez trois semaines devant vous ? Alors commencez par la partie "Initiation", 21 mini-leçons qui vous donnent sans complications inutiles les bases du coréen usuel, celui dont vous aurez besoin pour comprendre, parler et être capable de former vos propres phrases sur le modèle de celles que l'on vous propose dans la partie "Conversation" :
– lisez la leçon du jour puis dites vous-même les phrases en consultant la traduction et la transcription ;
– lisez ensuite les brèves explications grammaticales : elles vous expliquent quelques mécanismes que vous pourrez vous-même mettre en œuvre ;
– faites le petit exercice final, vérifiez que vous avez tout juste… et n'oubliez pas la leçon suivante le lendemain !

### La partie "Conversation"

Pour toutes les situations courantes auxquelles vous allez être confronté(e) durant votre voyage, la partie "Conversation" de ce guide vous propose une batterie complète d'outils : des mots, mais aussi des structures de phrases variées que vous pourrez utiliser en contexte. Tous les mots sont accompagnés de leur traduction (avec, si besoin, le mot à mot) et d'une transcription figurée simple qui vous dit comment il faut les prononcer. Même si vous n'avez aucune connaissance préalable du coréen, ce "kit de survie" prêt à l'usage fera de vous un voyageur autonome.

## ↗ La Corée du Sud : faits et chiffres

Nous nous concentrerons, dans ce guide, sur la Corée du Sud ; les informations suivantes concernent donc seulement la partie sud/méridionale de la péninsule coréenne.

| Population | environ cinquante millions |
|---|---|
| Capitale | 서울 *Séoul* (dix millions habitants) |
| Superficie | 99 274 km² |
| Frontières maritimes | la mer de l'Est (mer du Japon), la mer Jaune |
| Frontières terrestres | Chine |
| Langue officielle | le *coréen*, 한국어 [han'gougo] |
| Monnaie | 원 [won] (₩, KRW) |
| Régime politique | République |
| Fête nationale | le 15 août (jour de l'Indépendance) |
| Religions | le protestantisme, le catholicisme et le bouddhisme sont les trois religions dominantes |

## ↗ La Corée du Sud : données historiques

### Le "pays du Matin calme"

Pour les Occidentaux, la Corée est connue sous la dénomination de "pays du Matin calme"; cela vient de la traduction du nom de la dernière dynastie Joseon (1392-1910). Cela rappellerait également la pensée coréenne basée sur la doctrine confucianiste. Le confucianisme, qui était la doctrine centrale de la dynastie Joseon (avant, le bouddhisme était la religion d'État), n'est pas une idéologie, un système ou un instrument de pouvoir, mais plutôt une manière authentique de penser et de vivre. L'acteur par excellence en est "l'homme de bien", c'est-à-dire celui qui possède "la vertu d'humanité", "la bonté humaine" ou encore "la discrétion".

## Un pays dynamique

La Corée du Sud est un pays très dynamique. Elle a suivi un développement économique spectaculaire depuis cinquante ans et s'est hissée au rang de treizième puissance économique mondiale en 2013. En termes de compétitivité, la Corée du Sud se place au onzième rang mondial, grâce à ses gains de productivité, à son commerce extérieur dynamique, à la puissance de ses groupes (Samsung, LG, Hyundai, SK), à son effort dans le domaine de la recherche et du développement et à ses investissements massifs dans l'enseignement supérieur. À cela on peut également ajouter un secteur des divertissements très populaire appelé 한류 [hallyou], *la vague coréenne*.

## ⌐ La langue coréenne

### L'alphabet coréen

Le coréen est une langue unique, dont l'alphabet, caractérisé par la facilité de son apprentissage, fut créé en 1443 par ordre de 세종대왕 [sédjông dèwang], *Sejong le Grand*, dont l'objectif était d'instruire le peuple en lui offrant un moyen de s'exprimer facilement par écrit. Cet alphabet est classé au Registre de la Mémoire du monde à l'UNESCO au titre de son caractère scientifique et sa qualité de simplicité.

L'alphabet coréen se compose de 14 consonnes et de 10 voyelles de base et s'appelle 한글 [han'geul] ; les Coréens le célèbrent le 9 octobre chaque année lors du "jour du Hangeul", promulgué en 1446, déclaré jour férié.

Les consonnes :

| ㄱ | ㄴ | ㄷ | ㄹ | ㅁ | ㅂ | ㅅ | ㅇ |
|---|---|---|---|---|---|---|---|
| [g] | [n] | [d] | [l] | [m] | [b] | [s] | [Ø/ng] |
| ㅈ | ㅊ | ㅋ | ㅌ | ㅍ | ㅎ | | |
| [dj] | [tch] | [k$^h$] | [t$^h$] | [p$^h$] | [h] | | |

Les voyelles :

| ㅏ | ㅑ | ㅓ | ㅕ | ㅗ | ㅛ | ㅜ | ㅠ |
|---|---|---|---|---|---|---|---|
| [a] | [ya] | [o] | [yo] | [ô] | [yô] | [ou] | [you] |
| ㅡ | ㅣ | | | | | | |
| [eu] | [i] | | | | | | |

→ Reportez-vous aux rabats "Lire et prononcer le coréen" pour plus d'informations sur la manière de prononcer ces lettres.

## Le coréen, une langue syllabique

L'écriture française est simple : on aligne les lettres les unes derrière les autres. En revanche, l'alphabet coréen traduit une langue syllabique, les syllabes coréennes s'écrivant sous forme d'un "carré". La syllabe est une unité de prononciation et elle se compose d'abord, obligatoirement, d'une consonne, suivie d'une voyelle (consonne-voyelle). On peut également avoir une syllabe composée d'une consonne initiale, d'une voyelle et d'une consonne finale (consonne-voyelle-consonne). Ce système diffère du français, mais nous vous garantissons que ce n'est pas difficile ! Il vous faut juste faire un petit effort d'imagination, comme lorsqu'on joue aux Lego® ! On commence toujours par une consonne, puis on ajoute une voyelle, ou bien on y ajoute encore une consonne finale.

Petite remarque : la voyelle se place à droite ou en dessous de la consonne initiale : si elle est de forme longue à la verticale, placez-la à droite de la consonne initiale ; si elle est forme étendue à l'horizontale, placez-la en dessous de la consonne initiale.

La forme de la consonne coréenne vient de la forme de l'organe vocal et la voyelle se caractérise par la combinaison des trois éléments de l'univers (*le ciel*, représenté par le point, modifié en un petit trait ; *la terre*, représentée par le trait horizontal "—" ; *l'Homme*, représenté par le trait vertical " | "). Ces trois traits linéaires peuvent exprimer toutes les voyelles coréennes.

## La prononciation

Tous les mots et phrases coréens contenus dans ce guide sont écrits en alphabet coréen et accompagnés d'une transcription phonétique. Vous trouverez dans les rabats toutes les informations nécessaires pour prononcer correctement chaque consonne et chaque voyelle. Une fois que vous vous serez familiarisé(e) avec cet alphabet, il vous suffira de déchiffrer chaque lettre phonétiquement. Nous estimons qu'il faut compter quelques heures pour apprendre à lire le coréen. La transcription phonétique vous guidera à vérifier votre avancement au niveau de la prononciation. Il est parfois possible qu'il y ait un décalage entre l'alphabet et sa prononciation, cela vient de la règle de prononciation, qui comporte quelques exceptions, comme par exemple, 어떻게, qui se prononce *[ottok$^h$é]* : la consonne *[h]* précédée ou suivie, transforme la consonne voisine en consonne aspirée, ce qui donne, dans l'exemple, *[g]* prononcé *[k$^h$]*… Mais ne vous en faites pas, tout ira bien !
Allez, lancez-vous ! Bon courage !

# Initiation

## ↗ 1ᵉʳ jour

### 어디예요 ?
### *Où est-ce ?*

**1**  어디예요 ?
*odi-yéyo*
où-être
*Où êtes-(vous) ?*

**2**  한국이에요.
*han'gouk-iéyo*
Corée-être
*(Je) suis (en) Corée.*

**3**  누구예요 ?
*nougou-yéyo*
qui-être
*Qui êtes-(vous) ?*

**4**  까롤이에요.
*kkarôl-iéyo*
Carole-être
*(Je) suis Carole.*

**5**  무엇이에요 ?
*mou'och-iéyo*
quoi-être
*Qu'est ce que (c')est ?*

**6**  여권이에요.
*yo'kkwon-iéyo*
passeport-être
*(C')est un passeport.*

### *Notes de grammaire*

**La phrase coréenne** : Dans la phrase coréenne, le verbe se place toujours à la fin. Le sujet peut être très souvent omis et on ne l'exprime que lorsque cela est vraiment nécessaire.

**Le verbe** ne varie pas en fonction des personnes mais selon trois niveaux de politesse : le style familier, le style poli informel et le style poli formel. Dans notre dialogue, nous optons pour le style poli informel, dont la phrase se termine toujours par 요 (s'écrit *[yô]* mais se prononce *[yo]*, un peu moins "brut"). C'est le style le

INITIATION AU CORÉEN

plus neutre et aussi le plus souvent utilisé, autant à l'oral qu'à l'écrit ; c'est également le style que l'on emploie quand on ne connaît pas bien la personne à qui l'on parle, tout en restant poli.

**Poser des questions** : Pour former une phrase interrogative au style poli informel, il suffit de mettre le point d'interrogation à la fin de la phrase et de monter l'intonation de la voix à la fin de celle-ci.

이에요 *[iéyo]* / 예요 *[yéyo]* correspond au verbe *être*. On emploie l'une ou l'autre forme en fonction du mot la précédent (complément du verbe *être*) ; si le mot se termine par une consonne, on emploie 이에요 *[iéyo]*, et si le mot se termine par une voyelle, on emploie 예요 *[yéyo]*. Il n'y a pas de véritable différence au niveau de la prononciation, cela vient simplement d'une règle orthographique. Notez qu'il n'y a pas d'espace entre le verbe *être* et le mot qui le précède.

## *Entraînement – Traduisez les phrases suivantes*
**1.** Qu'est-ce que c'est ?
**2.** Qui êtes-vous ?
**3.** 어디예요 ?
**4.** 여권이에요.

## *Solutions*
**1.** 무엇이에요 ?
**2.** 누구예요 ?
**3.** Où êtes-vous ?
**4.** C'est un passeport.

## ↗ 2ᵉ jour

### 한국에 가요
### *Je vais en Corée*

**1**   어디에 가요 ?
*odi-é gayo*
où[-lieu] aller
***Où allez-vous ?***

**2**   한국에 가요.
*han'gouk-é gayo*
Corée[-lieu] aller
***(Je) vais en Corée.***

**3**   언제 한국에 가요 ?
*ondjé han'gouk-é gayo*
quand Corée[-lieu] aller
***Quand allez-vous en Corée ?***

**4**   스위스에서 와요 ?
*seuwisseu-éso wayo*
Suisse[-lieu] venir
***(Vous) venez de Suisse ?***

**5**   아니요. 프랑스에서 와요.
*aniyo. p'eurang'sseu-éso wayo*
non, France[-lieu] venir
***Non, (je) viens de France.***

### *Notes de grammaire*
**Le nom** coréen ne possède ni article défini (le, la, les), ni article indéfini (un, une, des), ni article partitif (du, de la), ni même de

genre (masculin/féminin). Le pluriel n'est marqué que lorsque l'on veut le souligner. Vous voyez ! En fin de compte, apprendre le coréen est plus simple que vous ne le pensiez, non ?

**La particule coréenne** marque la fonction du nom dans la phrase (sujet, objet, lieu, temps etc.). Contrairement à la préposition française, la particule se trouve derrière le mot et est collée à celui-ci. La particule de lieu 에 *[é]* marque la destination, comme *à* en français. La particule de lieu 에서 *[éso]* marque la provenance, comme *de* en français.

### *Entraînement – Traduisez les phrases suivantes*
1. Où allez-vous ?
2. D'où venez-vous ?
3. 프랑스에서 와요.
4. 한국에 가요.

### *Solutions*
1. 어디에 가요 ?
2. 어디에서 와요 ?
3. Je viens de France.
4. Je vais en Corée.

## ↗ 3ᵉ jour

### 비빔밥을 먹어요
### *Je mange du bibimbap*

**1** 식당에서 비빔밥을 먹어요.
 *chikʼttang'-éso pipimppap-eul mogoyo*
 restaurant[-lieu] bibimbap[-objet] manger
 *(Je) mange du bibimbap au restaurant.*

**2** 슈퍼에서 음료수를 사요.
 *chyouʼpʰo-éso eumʼnyô'sou-reul sayo*
 supermarché[-lieu] boisson[-objet] acheter
 *(J')achète une boisson au supermarché.*

**3** 무엇을 해요 ?
 *mouʼos-eul hèyo*
 quoi[-objet] faire
 *Qu'est-ce que (vous) faites ?*

**4** 친구를 만나요.
 *tchinʼgou-reul manʼnayo*
 ami[-objet] rencontrer
 *(Je) vais voir des amis.*

### *Notes de grammaire*
**La particule d'objet** 을 *[eul]* / 를 *[reul]* s'utilise pour marquer le complément d'objet direct (COD). Si le COD se termine par une consonne, on utilise 을 *[eul]*, si le COD se termine par une voyelle, on utilise 를 *[reul]*. En général, cette particule est très souvent omise à l'oral.

INITIATION AU CORÉEN

**La particule de lieu** 에서 *[éso]*, comme nous l'avons vu dans la leçon précédente, marque la provenance ainsi que le lieu de l'action. C'est donc cette particule que l'on utlise pour indiquer le lieu où se passe l'action des phrases 1 et 2.

### *Entraînement – Traduisez les phrases suivantes*
**1.** Je vais au restaurant.
**2.** Je mange au restaurant.
**3.** 식당에서 비빔밥을 먹어요.
**4.** 식당에서 와요.

### *Solutions*
**1.** 식당에 가요.
**2.** 식당에서 먹어요.
**3.** Je mange du bibimbap au restaurant.
**4.** Je viens du restaurant.

## ↗ 4ᵉ jour

### 지하철역이 어디에 있어요 ?
*Où se trouve la station de métro ?*

**1** 지하철역이 어디에 있어요 ?
*tchiha'tchol'lyok-i odi-é issoyo*
métro-station[-sujet] où[-lieu] exister
*Où se trouve la station de métro ?*

**2** 저기에 있어요.
*djoki-é issoyo*
là-bas[-lieu] exister
*(Elle) se trouve là-bas.*

**3** 기차역이 있어요 ?
*ki'tcha'yok-i issoyo.*
train-station[-sujet] exister
*Est-ce qu'il y a une gare ?*

**4** 기차가 언제 와요 ?
*ki'tcha-ga ondjé wayo*
train[-sujet] quand venir
*Quand est-ce que le train arrive ?*

**5** 근처에 택시가 있어요 ?
*keuntcho-é tʰèkʼchi-ga issoyo*
proximité[-lieu] taxi[-sujet] exister
*Est-ce qu'il y a un taxi à proximité ?*

### Notes de grammaire

**Le groupe nominal** est inversé en coréen, comparé au français. La *station de métro* se dit donc 지하철역 *[tchiha'tchol'lyoᵏ]* = 지하철, *métro* + 역, *station*.

**La particule du sujet** 이 *[i]* / 가 *[ga]* s'utilise pour marquer le sujet du verbe. Si le sujet se termine par une consonne, on utilise 이 *[i]* ; si le sujet se termine par une voyelle, on utilise 가 *[ga]*.

**La particule de lieu** 에 *[é]* est utilisée avec le verbe 있어요 *[issoyo]* pour dire *"se trouver (quelque part)"*, ex.: 어디에 있어요 ?, *Où se trouve(-il) ?* ; 저기에 있어요, *(Il) se trouve là-bas*. La particule de lieu 에 *[é]* marque donc la destination (comme nous l'avons vu dans la leçon du 2$^e$ jour) ou la localisation.

**Le verbe** 있어요 *[issoyo]* se traduit littéralement par *exister*. Il se traduit en français par *il y a* ou *se trouver* : 기차가 있어요 *[ki'tchaga issoyo]*, *il y a un train* ; 기차에 있어요 *[ki'tcha'é issoyo]*, *(Il) se trouve dans le train*. En coréen, l'ordre des mots n'est pas rigide (sauf le verbe qui se place toujours en fin de phrase). Tant que la particule marque la fonction du mot, le sujet peut se trouver n'importe où dans la phrase. Néanmoins, on préfère le placer à la première place.

## *Entraînement – Traduisez les phrases suivantes*
1. Il y a une station de métro à proximité.
2. Où se trouve la gare ?
3. 저기에 택시가 있어요.
4. 기차가 언제 와요 ?

## *Solutions*
1. 근처에 지하철역이 있어요.
2. 기차역이 어디에 있어요 ?
3. Il y a un taxi là-bas.
4. Quand est-ce que le train arrive ?

## ↗ 5ᵉ jour

### 저는 한국 친구가 있어요
### *J'ai des amis coréens*

**1** 제롬 씨는 외국 친구가 있어요 ?
*djérôm chi-neun wégou$^k$ tchin'gou-ga issoyo*
Jérôme [politesse][-thème] pays-étranger ami[-sujet] exister
*Jérôme, avez-(vous) des amis étrangers ?*

**2** 네, 저는 캐나다 친구하고 중국 친구가 있어요.
*né, djo-neun k$^h$ènada tchin'gou-hagô djoung'gou$^k$ tchin'gou-ga issoyo*
oui, moi[-thème] Canada ami-et Chine ami[-sujet] exister
*Oui, j'ai des amis canadiens et chinois.*

**3** 제 외국 친구들이 한국에 있어요.
*djé wégou$^k$ tchin'gou-deur-i han'gouk-é issoyo*
mon pays-étranger ami[-pluriel][-sujet] Corée[-lieu] exister
*Mes amis étrangers vivent en Corée.*

### *Notes de grammaire*

씨 *[chi]* est un terme de politesse employé après le prénom de l'interlocuteur. En coréen, on évite de désigner l'interlocuteur par le pronom personnel de la deuxième personne (*tu*, *vous*), le prénom accompagné du terme de politesse 씨 *[chi]* le remplace. Une telle personnalisation est une marque de respect envers l'interlocuteur.

**La particule de thème** 은 *[eun]* / 는 *[neun]* est une autre particule qui marque le sujet. Elle s'emploie plutôt pour marquer le sujet, "le pronom personnel". Si le sujet se termine par une consonne, on utilise 은 *[eun]*, s'il se termine par une voyelle, on utilise 는 *[neun]*, ex. 저는 *[djo-neun]*, *je* ; 제롬 씨는 *[djérôm chi-neun]*, *vous*, *tu*.

**Le pronom personnel** à la première personne 저 *[djo]* se traduit librement par *je*, *me* ou *moi* ; c'est la présence de la particule qui définit s'il s'agit de "je", "me" ou "moi". 제 *[djé]* est l'adjectif possessif : *mon*, *ma* ou *mes*.

**La conjonction de coordination** -하고 *[hagô]*, *et*, ne s'emploie qu'entre les mots. En coréen, il existe deux types de conjonctions : pour lier les mots et pour lier les phrases.

**La marque du pluriel** 들 *[deul]* se fixe juste derrière le mot à mettre au pluriel. Son emploi est facultatif.

## *Entraînement – Traduisez les phrases suivantes*
1. J'ai des amis français et des amis suisses.
2. Jérôme a des amis chinois.
3. 제 친구들이 한국에 있어요.
4. 저기에 제 프랑스 친구들이 있어요.

## *Solutions*
1. 저는 프랑스 친구하고 스위스 친구가 있어요.
2. 제롬 씨는 중국 친구가 있어요.
3. Mes amis vivent en Corée.
4. Là-bas, il y a mes amis français.

## ↗ 6ᵉ jour

### 오늘 날씨가 어때요 ?
### *Quel temps fait-il aujourd'hui ?*

**1**  오늘 날씨가 좋아요 !
*ôneul nalchi-ga djôayo*
aujourd'hui le-temps[-sujet] être-bien
*Aujourd'hui, il fait beau !*

**2**  거리에 사람이 많아요.
*gori-é saram-i manayo*
rue[-lieu] personne[-sujet] être-nombreux
*Il y a du monde dans la rue.*

**3**  제주도가 정말 아름다워요.
*djédjoudô-ga djongmal areumdawoyo*
île-de-Jeju[-sujet] vraiment être-beau
*L'île de Jeju est vraiment belle.*

**4**  서울이 요즘 더워요 ? 추워요 ?
*so'oul-i yôdjeum dowoyo ? tchouwoyo*
Séoul[-sujet] ces-jours-ci faire-chaud ? faire-froid
*Ces jours-ci, (à) Séoul, il fait chaud (ou) il fait froid ?*

## *Notes de grammaire*

**Le pronom impersonnel** "*il*" n'existe pas en coréen. Il faut le préciser par un sujet, comme par exemple *le temps*, dans la première phrase. Ainsi *Il fait beau*, en coréen, se dit, littéralement, "*Le temps est bien*".

**Le verbe d'état**, en coréen, équivaut à l'adjectif en français. Nous l'appelons "verbe" car syntaxiquement, il prend la forme

INITIATION AU CORÉEN

verbale, "état", car sémantiquement, il représente l'état et la description du sujet. Les verbes d'état présents dans ces exemples sont donc : 좋아요 *[djôayo]*, *être bien* ; 많아요 *[manayo]*, *être nombreux* ; 아름다워요 *[areumdawoyo]*, *être beau* ; 더워요 *[dowoyo]*, *faire/avoir chaud* ; 추워요 *[tchou'woyo]*, *faire/avoir froid*.

**L'adverbe** 정말 *[djongmal]*, *vraiment*, se place normalement devant le verbe.

**L'enchaînement de deux questions** en coréen suggère d'emblée le choix, comme *"ou"* en français. L'ajout de ce dernier n'est donc pas nécessaire en coréen.

## *Entraînement – Traduisez les phrases suivantes*
1. Aujourd'hui, il y a du monde dans la rue.
2. Est-ce que Paris est une belle ville ?
3. 지하철에 사람이 많아요 ?
4. 요즘 정말 더워요.

## *Solutions*
1. 오늘 거리에 사람이 많아요.
2. 파리가 아름다워요 ?
3. Est-ce qu'il y du monde dans le métro ?
4. Il fait vraiment chaud ces jours-ci !

## ↗ 7ᵉ jour

### 식당에서
### *Au restaurant*

**1** 무슨 한국 음식을 좋아해요 ?
*mou'seun han'gouᵏ eumchik-eul djôahèyo*
quel Corée plat[-objet] aimer
*Quel plat coréen aimez-(vous) ?*

**2** 불고기를 좋아해요. 아주 맛있어요.
*boulgôki-reul djôahèyo. adjou ma'chissoyo*
bulgogi[-objet] aimer. très être-délicieux
*(J')aime le bulgogi. (C')est très bon.*

**3** 한국 식당이 여기에서 멀어요 ?
*han'gouᵏ chiᵏ'ttang'-i yoki-éso moroyo*
coréen restaurant[-sujet] ici[-lieu] être-loin
*Le restaurant coréen est loin d'ici ?*

**4** 아니요. 안 멀어요. 바로 저기예요.
*aniyo. an moroyo. barô djoki-yéyo*
non. [négation] être-loin. justement là-bas-être
*Non, (ce) n'est pas loin. (C')est juste là-bas.*

### Notes de grammaire

**Le pronom interrogatif** 무슨 [*mou'seun*], *quel*, se combine avec le nom : 무슨 음식 ?, *quel plat ?* Attention ! 무엇 [*mou'o'*], *quoi*, se combine avec le verbe : 무엇이에요 ? [*mou'o'chiéyo*], *Qu'(est-ce que c')est ?*

**La conjugaison au présent** : Tout comme en français, le verbe coréen à l'infinitif (qui se compose du radical et de la terminaison

INITIATION AU CORÉEN

de l'infinitif 다) doit se conjuguer avant d'être employé dans la phrase. Le verbe français se conjugue en fonction du pronom personnel, alors que le verbe coréen se conjugue selon le niveau de politesse : style poli formel, style poli informel et style familier. Nous avons décidé d'employer le style poli informel, la voix polie, orale et neutre. Alors comment conjuguer au style poli informel ? Si c'est un verbe régulier, prenez d'abord le radical verbal (autrement dit, le verbe sans la terminaison 다) ; ensuite choisissez la terminaison -아요, si la dernière voyelle du radical se termine par ㅏ *[a]* ou ㅗ *[ô]* ; prenez -어요, si elle se termine par un caractère autre que ㅏ ou ㅗ :

| Infinitif | Forme conjuguée |
|---|---|
| 많다 *être nombreux* | 많 + 아요 = 많아요 *[manayo]* |
| 맛있다 *être délicieux* | 맛있 + 어요 = 맛있어요 *[machissoyo]* |
| 좋아하다* *aimer* | 좋아해요 *[djôahèyo]* |

\* verbe irrégulier

**La marque de négation** 안 *[an]* se positionne devant le verbe.

## *Entraînement – Traduisez les phrases suivantes*
1. J'aime le bulgogi.
2. Vous n'aimez pas la cuisine coréenne ?
3. 멀어요 ?
4. 맛있어요 ?

## *Solutions*
1. 불고기를 좋아해요.
2. 한국 음식을 안 좋아해요 ?
3. Est-ce que c'est loin ?
4. Est-ce que c'est délicieux ?

## ↗ 8ᵉ jour

<h2 style="text-align:center">영화관에서<br/>*Au cinéma*</h2>

**1**  커피숍에 갈까요 ? 영화관에 갈까요 ?
*kʰopʰi'chyôp-é ga-lkkayo ? yonghwa'kwan-é ga-lkkayo*
café[-lieu] aller[-demande] ? cinéma[-lieu] aller[-demande]
**Ça vous dit d'aller au café (ou) au cinéma ?**

**2**  음, 영화관에 가요. 한국 영화를 보고 싶어요.
*eum, yonghwa'kwan-é gayo. han'gou$^k$ yonghwa-reul bô-gô chipʰoyo*
hum, cinéma[-lieu] aller. Corée film[-objet] regarder[-souhait]
**Hum... Allons au cinéma. (J')aimerais bien regarder un film coréen.**

**3**  좋아요 ! 공포 영화를 볼까요 ?
*djôayo ! gông'pʰô yonghwa-reul bô-lkkayo*
ok ! horreur film[-objet] regarder[-demande]
**Ok ! Est-ce qu'on va voir un film d'horreur ?**

### Notes de grammaire

**La demande et l'invitation** : En coréen, c'est le verbe qui porte les informations : le temps, le niveau de politesse et le mode (interrogatif, affirmatif, etc.). Afin de marquer la demande, il faut employer une des deux formes suivantes après le radical : -을까요 ? *[eulkkayo]* si le radical du verbe se termine par une consonne ; -ㄹ까요 ? *[lkkayo]* si le radical se termine par une voyelle, ex. : 가다, *aller* → 갈까요 ? *[galkkayo]*, *On y va ?* ; 먹다, *manger* → 먹을까요 ? *[mokeulkkayo]*, *On mange ?*

**Accepter une demande** n'est pas difficile. Répondez comme si c'était une phrase affirmative, parce que la terminaison du style poli informel (-아요/어요) exprime les quatre modes en même temps : exhortatif (aussi appelé impératif de la première personne du pluriel – "Allons manger" ; "Asseyons-nous" etc.), déclaratif, interrogatif et impératif, ex. : 가다 *aller* → 가요 *[gayo]*, *Allons !* (가 *[ga]* + 아요 *[ayo]* devient 가요 *[gayo]* : 아 *[a]* supprimé). La même forme peut se traduire, selon le contexte, par *(Je) vais*, *(Tu) vas ?* et *Vas t'en !*

**Exprimer un souhait et une envie** avec -고 싶어요, *aimerais bien* : cette forme se colle à la suite du radical du verbe, quelle que soit la dernière lettre de celui-ci et elle permet d'exprimer le souhait et l'envie, ex. : 보다 *regarder* → 보고 싶어요 *[bôgô chip$^h$oyo]*, *(j')aimerais bien regarder* ; 먹다, *manger* → 먹고 싶어요 *[mo$^{k'}$kkô chip$^h$oyo]*, *(j')aimerais bien manger*.

## *Entraînement – Traduisez les phrases suivantes*
1. J'aimerais bien aller au cinéma.
2. J'aimerais bien manger du bibimbap.
3. 한국에 갈까요 ?
4. 무엇을 하고 싶어요 ?

## *Solutions*
1. 영화관에 가고 싶어요.
2. 비빔밥을 먹고 싶어요.
3. Ça vous dit d'aller en Corée ?
4. Qu'est-ce que vous voulez faire ?

## ↗ 9ᵉ jour

### 박물관에서
### *Au musée*

1. 박물관에서 조용히 하세요.
   *bangmoul'kwan-éso djôyông'hi ha-séyo*
   musée[-lieu] silence-faire[-impératif]
   *Ne faites pas de bruit dans le musée.*

2. 작품을 만지지 마세요.
   *djakʰ'pʰoum-eul man'tchi-tchi maséyo*
   œuvre[-objet] toucher[-interdiction]
   *Ne touchez pas les œuvres.*

3. 사진을 찍지 마세요.
   *sa'tchin-eul tsiᵏ-tchi maséyo*
   photo[-objet] prendre[-interdiction]
   *Ne prenez pas de photo.*

4. 쓰레기를 버리지 마세요.
   *sseuréki-reul bori-tchi maséyo*
   ordure[-objet] jeter[-interdiction]
   *Ne jetez pas les ordures.*

### Notes de grammaire

**L'impératif honorifique** -으세요 *[euséyo]* / 세요 *[séyo]* est une forme combinée, composée du suffixe honorifique 으시 *[eu'chi]* /시 *[chi]*, qui marque la déférence envers son interlocuteur, et de la terminaison de style poli informel 어요 *[oyo]*. Cette forme dénote un ton impératif mais courtois (on ajouterait *s'il vous plaît* en français) contrairement à la simple terminaison de style poli informel qui exprime un ordre direct (rappelez-vous que la conjugaison du style poli informel peut figurer une phrase affirmative, interrogative, exhortative ou impérative). Mettez 으세요 *[euséyo]* si le radical se termine par une consonne et 세요 *[séyo]* s'il se termine par une voyelle, ex.: 조용히 하다, *se taire / ne pas faire de bruit* → 조용히 하세요 *[djôyông'hi haséyo]*, *Taisez-vous, s'il vous plaît !*

**La forme exprimant l'interdiction** -지 마세요 *[tchi maséyo]*, *il est interdit de*, se place après le radical, quelle que soit sa dernière lettre, ex.: 만지다, *toucher* → 만지지 마세요 *[man'tchi tchi maséyo]*, *Ne touchez pas* ; 사진을 찍다, *prendre une photo* → 사진을 찍지 마세요 *[sa'tchineul tsi\*'tchi maséyo]*, *Ne prenez pas de photos.*

## *Entraînement – Traduisez les phrases suivantes*
1. Ne regardez pas de film d'horreur.
2. Ne prenez pas de photo ici.
3. 지하철에서 조용히 하세요.
4. 가지 마세요.

## *Solutions*
1. 공포 영화를 보지 마세요.
2. 여기에서 사진을 찍지 마세요.
3. Taisez-vous dans le métro.
4. N'y allez pas.

## ↗ 10ᵉ jour

### 호텔에서
### *À l'hôtel*

1 호텔 방을 예약해요.
   *hôtʰél bang'-eul yéyak-hèyo*
   hôtel chambre[-objet] réservation-faire
   ***(Je) réserve une chambre (d')hôtel.***

2 욕실에서 샤워해요. 그리고 방에서 인터넷해요.
   *yok'chil-éso chya'wo-hèyo. keurigô bang'-éso intʰonét-hèyo*
   salle-de-bains[-lieu] douche-faire. et chambre[-lieu] Internet-faire
   ***(Je) prends une douche dans la salle de bains et (je) vais sur Internet, dans la chambre.***

3 조금 쉴 거예요. 이따가 쇼핑할 거예요
   *djôkeum chwi-l goyéyo. ittaga chyô'pʰing'ha-l goyéyo*
   un-peu se-reposer[-futur]. tout-à-l'heure shopping-faire [-futur]
   ***(Je) vais me reposer un peu. (Je) vais faire du shopping tout à l'heure.***

### *Notes de grammaire*

**Le verbe** *faire*, 하다, est un verbe très important en coréen. Il permet de construire de nombreux verbes, en le combinant à un autre mot. Étant un verbe irrégulier, lorsque l'on passe au style poli informel, le verbe devient 해요 *[hèyo]*, ex.: 인터넷하다 : 인터넷, *Internet* + 하다, *faire* → 인터넷해요 *[intʰonétʰèyo]*, *aller sur Internet*.

**La conjonction de coordination** 그리고 *[keurigô]*, *et*, relie des mots <u>et</u> des phrases. (Rappelez-vous de la conjonction -하고 *[hagô]*, *et*, cette dernière ne relie que des mots.)

**La forme** -ㄹ *[l]* / 을 거예요 *[eul goyéyo]* collée au radical du verbe, marque le futur simple et le futur proche. Mettez -ㄹ 거예요 après le radical du verbe se terminant par une voyelle ; -을 거예요 après le radical se terminant par une consonne, ex. : 쉬다, *se reposer* → 쉴 거예요 *[chwil goyéyo]*, *(Je) vais me reposer* ; 먹다, *manger* → 먹을 거예요 *[mokeul goyéyo]*, *(Je) mangerai*.

## *Entraînement – Traduisez les phrases suivantes*
1. Aujourd'hui, je vais aller au cinéma.
2. Je voudrais réserver une chambre d'hôtel.
3. 이따가 한국 식당에 갈 거예요.
4. 슈퍼에서 음료수를 살 거예요.

## *Solutions*
1. 오늘 영화관에 갈 거예요.
2. 호텔 방을 예약하고 싶어요.
3. Je vais aller au restaurant coréen tout à l'heure.
4. Je vais acheter une boisson au supermarché.

# ↗ 11ᵉ jour

## 서울에서
## *À Séoul*

**1** 어제 인사동에서 기념품을 샀어요.
*odjé insadông'-éso ki'nyompoum-eul sa-ssoyo*
hier Insa-dong[-lieu] souvenir[-object] acheter[-passé]
*Hier, (j')ai acheté des souvenirs à Insa-dong.*

**2** 오늘 친구를 만나요. 친구하고 한강에 가요.
*ôneul tchin'gou-reul man'nayo. tchin'gou-hagô han'gang'-é gayo*
aujourd'hui ami[-object] rencontrer. ami-avec rivière-Han[-lieu] aller
*Aujourd'hui, (je) vais voir (mes) amis. (Je) vais à la rivière Han avec eux.*

**3** 내일 아마도 동대문에 갈 거예요.
*nè'il amadô dông'dèmoun-é ga-l goyéyo*
demain peut-être Dongdaemun[-lieu] aller[-futur]
*Demain, (je) vais peut-être aller à Dongdaemun.*

## *Notes de grammaire*

**Le présent** : La terminaison du style poli informel -어요 *[oyo]* / 아요 *[ayo]* marque le présent.

**Le passé** est indiqué par le suffixe -았 *[ass]* ou le suffixe -었 *[oss]*, suivi de la terminaison du style poli informel -어요 *[oyo]*. En résumé, si la dernière voyelle du radical se termine par ㅏ *[a]* ou ㅗ *[ô]*, ajoutez -았어요 *[assoyo]* au radical ; si la dernière voyelle du radical est autre que ㅏ ou ㅗ, ajoutez -었어요 *[ossoyo]*, ex. : 사다, *acheter* → 사 *[sa]* + 았어요 *[assoyo]* devient 샀어요 *[sassoyo]*

INITIATION AU CORÉEN

(아 [a] est supprimé) = (J')ai acheté ; 먹다, manger → 먹었어요 [mokossoyo] = (J')ai mangé. En coréen, la différence entre le passé composé et l'imparfait n'existe pas.

**Le conjonction** -하고 [hagô] collée à "une personne" représente "avec", ex. : 친구하고 [tchin'gouhagô], avec (cet) ami ; 까롤하고 [kkarôlhagô], avec Carole.

## Entraînement – Traduisez les phrases suivantes
1. Demain, je vais réserver une chambre d'hôtel.
2. Hier, j'ai pris des photos à Séoul.
3. 어제 날씨가 좋았어요.
4. 어제 식당에서 한국 음식을 먹었어요. 아주 맛있었어요.

## Solutions
1. 내일 호텔 방을 예약할 거예요.
2. 어제 서울에서 사진을 찍었어요.
3. Hier, il faisait beau.
4. Hier, j'ai mangé des plats coréens au restaurant. C'était très bon.

## ↗ 12ᵉ jour

### 숫자
*Compter : le système coréen*

**1**  몇 시예요 ?
*myo' chi-yéyo*
quel heure-être
*Quelle heure est-(il) ?*

**2**  오후 두 시예요.
*ôhou dou chi-yéyo*
après-midi deux heure-être
*(Il) est 14 h.*

**3**  몇 살이에요 ?
*myo' sar-iéyo*
quel âge-être
*(Vous) avez quel âge ?*

**4**  스물 다섯 살이에요.
*seumoul daso' sar-iéyo*
vingt cinq âge-être
*(J')ai 25 ans.*

**5**  가방에 선글라스 세 개가 있어요.
*gabang'-é son'keul'lasseu sé kè-ga issoyo*
sac[-lieu] lunettes-de-soleil trois [classificateur][-sujet] exister
*Il y a trois paires (de) lunettes de soleil dans (mon) sac.*

### Notes de grammaire

**Compter en coréen** : Il existe deux systèmes pour compter en coréen : le système d'origine purement coréenne et le système d'origine sino-coréenne (ce dernier est développé à la leçon suivante). Les deux systèmes s'utilisent différemment dans des cas définis. Le système coréen n'est utilisé que dans les trois cas particuliers suivants : les heures (pour parler des minutes, on emploie le système sino-coréen), l'âge et les objets dénombrables.

**L'horloge coréenne** compte 2 cycles de 12 heures, divisés selon la 오전 *[ôdjon]*, *matinée*, ou 오후 *[ôhou]*, l'*après-midi* ; ces termes sont placés devant l'heure afin de

INITIATION AU CORÉEN

spécifier le moment de la journée dont il est question. Par exemple, *17 h* se dira 오후 다섯 시 *[ôhou dasoᵗ chi]*, "après-midi 5 heures" ; *5 h* se dira 오전 다섯 시 *[ôdjon dasoᵗ chi]*, "matinée 5 heures".

**Un classificateur** est un mot unitaire utilisé auprès des objets et des êtres vivants dénombrables afin de les quantifier. Pour cela, il faut utiliser le classificateur adapté selon la nature des éléments dénombrables. Par exemple, 명 *[myong]* est une unité qui sert à compter des personnes ; 마리 *[mari]* s'emploie pour les animaux ; 대 *[dè]* pour les équipements électriques et les véhicules ; 개 *[kè]* pour la plupart des objets qui n'entrent pas dans ces catégories. L'ordre d'utilisation suit le schéma suivant : élément - chiffre coréen - classificateur, ex. : 선글라스 세 개 *[son'keul'lasseu sé kè]*, *trois paires ("unités") de lunettes de soleil*. Attention ! les chiffres 1 *[hana]*, 2 *[doul]*, 3 *[séᵗ]* et 4 *[néᵗ]* perdent la dernière lettre lorsqu'ils sont suivis d'un nom, ainsi on obtient : 1개 *[han kè]*, 2개 *[dou kè]*, 3개 *[sé kè]*, 4개 *[né kè]*.

## *Entraînement – Traduisez les phrases suivantes*
1. Il est 14 h.
2. J'ai 3 amis coréens.
3. 스물 다섯 살이에요.
4. 택시 다섯 대가 있어요.

## *Solutions*
1. 오후 두 시예요.
2. 한국 친구 세 명이 있어요.
3. J'ai 25 ans.
4. Il y a 5 taxis.

## ↗ 13ᵉ jour

### 숫자
### *Compter : le système sino-coréen*

**1** 오후 네 시 삼십 분에 기차역에서 만나요.
   *ôhou né chi samchiᵖ boun-é kiˈtchaˈyok-éso mannayo*
   après-midi 4 heures 30 minutes[-temps] gare[-lieu] se-rencontrer
   *Retrouvons-nous à 16 h 30 à la gare.*

**2** 제 생일은 6월 16일이에요.
   *djé sèngˈilˈeun you-wol chim youk-il-iéyo*
   mon anniversaire[-thème] 6-mois 16-jour-être
   *Mon anniversaire est le 16 juin.*

**3** 사십 팔 번 버스를 타세요.
   *saˈchiᵖ pʰal bon bosseu-reul tʰa-séyo*
   48 numéro bus[-objet] monter[-impératif]
   *Prenez le bus 48.*

### *Notes de grammaire*

**Le système de comptage sino-coréen** s'emploie avec tout ce qui ne concerne pas l'utilisation des chiffres coréens (les heures, l'âge et les objets dénombrables), c'est-à-dire les minutes, les numéros de téléphone, les dates, les prix, les numéros de bus ou de ligne de métro, etc. À partir de 100, on n'utilise que le système de comptage sino-coréen.

**Donner l'heure** demande donc deux nombres : le nombre coréen pour les heures et le nombre sino-coréen pour les minutes. Tout comme en français, il y a, en coréen, un terme qui exprime la moitié, "*et demie*" : 반 *[ban]*. 16 h 30 peut aussi se dire *16 h et demie*, 오후 네 시 반 *[ôhou né chi ban]*, "après-midi 4 h demie".

**Donner la date** n'est pas compliqué. Il faut juste le nombre sino-coréen auquel on colle les termes temporels dans l'ordre suivant : *année-mois-jours*, 년 *[nyon]*-월 *[wol]*-일 *[il]*, ex. : 2016 년 12월 25일, *le 25 décembre 2016*.

**Les mois** :

| janvier | 1월 [irwol] | juillet | 7월 [tchirwol] |
|---|---|---|---|
| février | 2월 [iwol] | août | 8월 [pʰarwol] |
| mars | 3월 [samwol] | septembre | 9월 [gou'wol] |
| avril | 4월 [sa'wol] | octobre | 10월 [chiwol] |
| mai | 5월 [ôwol] | novembre | 11월 [chipirwol] |
| juin | 6월 [you'wol] | décembre | 12월 [chipi'wol] |

**La particule de temps** 에 *[é]* a une forme identique à la particule de lieu, elle s'utilise et se prononce de la même façon.

**Rappel** : Le pronom possessif à la première personne est 제 : il correspond à *mon, ma* ou *mes*.

## *Entraînement – Traduisez les phrases suivantes*
1. On se voit à 16 h 30 au cinéma ?
2. Mon anniversaire est le 30 octobre.
3. 몇 시에 기차를 타요 ?
4. 한 시 반에 기차를 타요.

## *Solutions*
1. 오후 네 시 반에 영화관에서 만날까요 ?
2. 제 생일은 시월 삼십일이에요.
3. À quelle heure prenez-vous le train ?
4. Je prends mon train à 13 h 30.

## ↗ 14ᵉ jour

### 가게에서
### *Au magasin*

**1** 어서 오세요. 무엇을 찾으세요 ?
*oso ô-séyo. mou'os-eul tcha'dj-euséyo*
vite venir[-impératif]. que[-objet] chercher[-honorifique]
*Bienvenue. Que cherchez-(vous) ?*

**2** 치약 한 개 하고 칫솔 두 개 주세요.
*tchi'yaᵏ han kè hagô tchi'ssôl dou kè djou-séyo*
dentifrice un [classif.] et brosse-à-dent deux [classif.] donner[-impératif]
*Donnez-(moi) un (tube de) dentifrice et deux brosses à dents, s'il vous plaît.*

**3** 여기요. 감사합니다. 안녕히 가세요.
*yoki-yo. gamsahamnida. an'nyong'hi ga-séyo*
ici[-politesse]. merci. tranquillement partir[-impératif]
*Voici. Merci. Au revoir.*

### *Notes de grammaire*

**Le suffixe honorifique** -으시 *[eu'chi]* / 시 *[chi]* marque le respect porté à l'interlocuteur dans la culture coréenne : les parents, les enseignants, les supérieurs hiérarchiques au travail, les clients, etc. Il ne faut pas l'employer pour soi-même. Ce terme est utilisé après le radical ; si celui-ci se termine par une consonne, on ajoute -으시, s'il se termine par une voyelle, ce sera -시, puis la terminaison -어요, dans les deux cas. Ce qui nous donne au final, après un radical se terminant par une consonne : -으세요 *[euséyo]* ; après un radical se terminant par une voyelle : -세요 *[séyo]*, ex.: 무엇을 찾다, *chercher quelque chose* →

무엇을 찾으세요 *[mou'o'seul tchadjeuséyo]*, *que cherchez-vous ?* (avec courtoisie) ; 주다, *donner* → 주세요 *[djouséyo]*, *donnez(-moi)…, s'il vous plaît.*

**La marque nominale de politesse** -요 *[yo]* est utilisée après un nom pour marquer la courtoisie et un ton poli. Par exemple, à la question *Qui veut du fromage ?*, il faut répondre "저요" *[djo'yo]*, *Moi[-politesse]* !

## Entraînement – Traduisez les phrases suivantes
1. Bienvenue.
2. Où cherchez-vous ?
3. 누구를 찾으세요 ?
4. 선글라스 한 개 주세요.

## Solutions
1. 어서 오세요.
2. 어디를 찾으세요 ?
3. Qui cherchez-vous ?
4. Donnez-moi une paire de lunettes de soleil, s'il vous plaît.

## ↗ 15ᵉ jour

## 우체국에서
### À la poste

**1** 가족에게 엽서를 보내야 해요. 어디에 가야 해요 ?
*ga'djôk-éké yoᵖ'sso-reul bônê-ya hèyo. odi-é ga-ya hèyo*
famille[-COI] carte-postale[-COD] envoyer-il faut. où[-lieu] aller-il faut
**Il faut que (j')envoie des cartes postales à (ma) famille. Où faut-il que (j')aille ?**

**2** 우체국에 가세요. 거기에서 보낼 수 있어요.
*ou'tchégouk-é ga-séyo. goki-éso bônê-l sou issoyo*
poste[-lieu] aller. là[-lieu] envoyer-pouvoir
**Allez à la poste. Là, (on) peut (les) envoyer.**

**3** 어디에서 돈을 찾을 수 있어요 ?
*odi-éso dôn-eul tchadj-eul sou issoyo*
où[-lieu] l'argent[-objet] retirer-pouvoir
**Où est-ce que (je) peut retirer de l'argent ?**

### Notes de grammaire
**Pour exprimer l'obligation**, la forme -아야 *[a'ya]* / 어야 해요 *[o'ya hèyo]*, équivalente à "*il faut*" en français, s'utilise après le radical. Le choix entre l'une ou l'autre forme repose sur la dernière voyelle du radical : après la voyelle ㅏ *[a]* ou ㅗ *[ô]*, utilisez -아야 *[a'ya]* ; après les autres voyelles, employez -어야 *[o'ya]*. En cas de chevauchement de mêmes voyelles, il faut en supprimer une, ex.: 보내다, *envoyer* → 보내 *[bônê]* + 아야 해요 *[a'ya hèyo]* devient 보내야 해요 *[bônêya hèyo]* (아 *[a]* est supprimé) = *Il faut envoyer* ; 가다, *aller* → 가 *[ga]* + 아야 해요 *[a'ya hèyo]* devient 가야 해요 *[ga'ya hèyo]* (아 *[a]* est supprimé) = *Il faut aller*.

INITIATION AU CORÉEN

**La particule de complément d'objet indirect (COI)** 에게 *[éké]* est employée après un nom afin d'indiquer la fonction du complément d'objet indirect. Elle ne change pas sa forme selon la dernière lettre du mot précédent.

**Exprimer la possibilité** comme "*(je) peux...*" en français, s'exprime en coréen par l'ajout de -ㄹ *[l]* / 을 수 있어요 *[eul sou issoyo]* après le radical : si le radical se termine par une voyelle, mettez -ㄹ 수 있어요 ; s'il se termine par une consonne, mettez -을 수 있어요, ex. : 보내다, *envoyer* → 보내 + ㄹ 수 있어요 = 보낼 수 있어요 *[bônèl sou issoyo]*, *(je) peux envoyer* ; 찾다 → 찾 + 을 수 있어요 = 찾을 수 있어요 *[tcha'djeul sou issoyo]*, *(je) peux retirer*.

## *Entraînement – Traduisez les phrases suivantes*
1. Puis-je prendre une photo ici ?
2. Où puis-je acheter une carte postale ?
3. 우체국에서 돈을 찾을 수 있어요 ?
4. 우체국에서 엽서를 보낼 수 있어요.

## *Solutions*
1. 여기에서 사진을 찍을 수 있어요 ?
2. 어디에서 엽서를 살 수 있어요 ?
3. Puis-je retirer de l'argent à la poste ?
4. On peut envoyer la carte postale du bureau de poste.

## ↗ 16ᵉ jour

# 한국 음식
## *La nourriture coréenne*

**1**  맛이 어때요 ?
*mach-i ottèyo*
goût[-sujet] est-comment
*Comment (vous) le trouvez ?*

**2**  잠깐만요. 지금 맛보고 있어요.
*djam'kkanman-yo. tchi'keum ma'ppô-gô issoyo*
un-instant[-politesse]. maintenant goûter-être en-train-de
*Un instant, s'il vous plaît. (Je) suis en train de goûter.*

**3**  음...맵지만 맛있어요.
*eum...mèᵖ-tsiman ma'chissoyo*
[interjection]...être-piquant-mais être-délicieux
*Hum...(c')est piquant mais délicieux !*

### Notes de grammaire

**Demander l'opinion** se fait en utilisant le verbe d'état 어떻다 *[ottotʰa]*, *être comment*. Étant un verbe irrégulier, conjugué au style poli informel, il devient 어때요 *[ottèyo]*.

**Le présent progressif** s'exprime grâce à la forme -고 있어요 *[gô issoyo]*, *être en train de*, ajoutée au radical du verbe, sans se préoccuper de sa dernière lettre, ex.: 맛보다, *goûter* → 맛보고 있어요 *[ma'ppôgô issoyo]*, *(Je) suis en train de goûter*.

INITIATION AU CORÉEN

**Le connecteur** -지만 *[tchiman]* ressemble à *mais / bien que* en français, mais son emploi dans la phrase est différent. Il se colle au radical sans se préoccuper de la dernière lettre, ex.: 맵다, *être piquant* → 맵지만 *[mèᵖ'tsiman]*, *(c')est piquant mais...*

## *Entraînement – Traduisez les phrases suivantes*
1. Comment trouvez-vous Séoul ?
2. Je suis en train de regarder un film.
3. 한국 음식이 어때요 ?
4. 한국 음식이 맵지만 맛있어요.

## *Solutions*
1. 서울이 어때요 ?
2. 영화를 보고 있어요.
3. Comment trouvez-vous la nourriture coréenne ?
4. La nourriture coréenne est piquante, mais c'est délicieux.

# ↗ 17ᵉ jour

## 옷 가게에서
### *Au magasin de vêtements*

**1**  이 옷 좀 입어 볼 수 있어요 ?
   *i ôt djôm ibo bô-l sou issoyo*
   ce vêtement essayer-pouvoir
   **Puis-(je) essayer ce vêtement ?**

**2**  당연하죠. 한 번 입어 보세요.
   *dang'yonha-tchyo. han bon ibo bô-séyo*
   être-évident-[terminaison]. une fois essayer-[impératif]
   **Bien sûr ! Essayez-(le).**

**3**  예쁜데 가격이 비싸네요. 좀 깎아 주세요.
   *yéppeu-ndé gakyok-i pissa-néyo. djôm kkakk-a djouséyo*
   être-joli-mais prix-[sujet] être-cher-[terminaison]. baisser-s'il vous plaît
   **(C')est joli mais c'est cher. (Vous pourriez me) faire un prix, s'il vous plaît ?**

## Notes de grammaire

**Le démonstratif** 이 *[i]* se traduit par *ce/cet/cette* en français. Il se place devant le mot à désigner, ex. : 이 옷 *[i ôt]*, *ce vêtement* ; 이 친구 *[i tchin'gou]*, *cet(te) ami(e)*.

**La terminaison** -죠 *[tchyo]* est une forme contractée de -지요 *[tchi'yo]*. S'ajoutant au radical, elle est souvent employée dans la langue parlée afin d'exprimer la politesse et un respect familier. La terminaison -네요 *[néyo]* se colle au radical à l'oral. Il est presque impossible de le traduire mais sa présence marque par nuance "l'étonnement" et "la surprise".

**Le connecteur** -ㄴ데 [ndé] / 은데 [eundé], *alors / alors que*, se colle au radical du verbe d'état afin d'introduire l'opinion opposée : -ㄴ데 si le radical se termine par une voyelle ; 은데 s'il se termine par une consonne. Il est identique à -지만 [tchiman], *mais*, sauf qu'il s'emploie plutôt à l'oral.

**L'expression d'adoucissement** 좀 (radical verbal) -아 [djôm -a] / 어 주세요 [o djouséyo] est souvent employée à l'oral pour exprimer une demande. Dans cet ordre, l'expression 좀 [djôm] est souvent précédée du radical afin d'apaiser le ton de la demande. Le choix entre ces deux formes se fait selon la dernière voyelle du radical du verbe principal : -아 주세요 après les voyelles ㅏ [a] ou ㅗ [ô] ; -어 주세요 après les autres voyelles, ex. : 깎다, *baisser (le prix)* → 좀 깎아 주세요, *Pourriez-vous me faire un ("baisser le") prix, s'il vous plaît ?*

## *Entraînement – Traduisez les phrases suivantes*
1. Pourriez-vous me faire un prix, s'il vous plaît ?
2. Ce vêtement est vraiment joli.
3. 한 번 입어 보세요.
4. 비싸네요.

## *Solutions*
1. 좀 깎아 주세요.
2. 이 옷이 정말 예쁘네요.
3. Essayez-(le).
4. C'est un peu cher.

# ↗ 18ᵉ jour

## 약국에서
### *À la pharmacie*

**1** 어떻게 오셨어요 ?
*ottokʰé ô-chi-ossoyo*
comment venir[-honorifique][-passé]
*Est-ce que je peux vous aider ?*

**2** 머리가 아파서 왔는데요.
*mori-ga apʰ-aso ô-ass-neundéyo*
tête[-sujet] être-malade[-cause] venir[-passé][-terminaison]
*(Je) suis venu, car (j')ai mal à la tête.*

**3** 머리가 아프면 두통약을 드세요.
*mori-ga apʰeu-myon douṭʰông'yak-eul deu-séyo*
tête[-sujet] être-malade-si comprimé-contre-les-maux-de tête[-objet] prendre[-impératif]
*Si (vous) avez mal à la tête, prenez un comprimé contre les maux de tête.*

## *Notes de grammaire*

**Le connecteur de cause** -아서 *[aso]* / 어서 *[oso]*, *car*, s'ajoute au radical du verbe : -아서 après le radical dont la dernière voyelle se termine par ㅏ *[a]* ou ㅗ *[ô]* ; -어서 après les autres, ex. : 아프다, *être malade* → 아프 *[apʰeu]* + 아서 *[aso]* devient 아파서 *[apʰaso]*, *car (je) suis malade*. Attention ! le verbe dont le radical se termine par la voyelle — *[eu]*, perd cette dernière avant de se coller à ce connecteur.

**La terminaison orale** -는데요 *[-neundéyo]* s'ajoute au radical du verbe (d'action). Elle ne peut pas se traduire en français mais sa présence marque une nuance, comme si la phrase n'était pas terminée. N'allez pas cherchez à comprendre. C'est une énonciation coréenne utilisée afin de montrer la volonté de poursuivre la conversation.

**La conjonction de subordination** -으면 *[eumyon]* /면 *[myon]*, *si*, s'ajoute au radical du verbe : placez -으면 après le radical se terminant par une consonne ; -면 après le radical se terminant par une voyelle, ex. : 아프다, *être malade* → 아프면 *[apʰeumyon]*, *si (vous) êtes malade*.

## *Entraînement – Traduisez les phrases suivantes*
1. J'ai acheté ce vêtement car c'est joli.
2. Reposez-vous si vous êtes malade.
3. 날씨가 좋으면 친구를 만날 거예요.
4. 맛있어서 비빔밥을 좋아해요.

## *Solutions*
1. 예뻐서 이 옷을 샀어요.
2. 아프면 쉬세요.
3. S'il fait beau, je vais aller voir mes amis.
4. J'aime le bibimbap car c'est délicieux.

## ↗ 19ᵉ jour

### 놀이
### *Se divertir*

**1** 노래부르러 노래방에 가요.
*nôrèboureu-ro nôrè-bang'-é gayo*
chanter-pour chanson-chambre[-lieu] aller
*(Je) vais au karaoké pour chanter.*

**2** 쉬러 찜질방에 가요.
*chwi-ro tsim'tchil-bang'-é gayo*
se reposer-pour sauna-chambre[-lieu] aller
*(Je) vais au sauna pour me reposer.*

**3** 게임하러 게임방에 가요.
*kéim'ha-ro kéim-bang'-é gayo*
faire le jeu-pour jeu-chambre[-lieu] aller
*(Je) vais à la salle de jeu pour jouer.*

**4** 와 ! 재미있을 것 같아요.
*wa ! djèmi'iss-eul go' gatʰayo*
[interjection] être-amusant-il semble que
*Wow ! Ça a l'air intéressant !*

### Notes de grammaire
**Le connecteur** -으러 [euro] / 러 [ro], *pour*, est souvent utilisé avec les verbes de déplacement comme 가다 / 오다, *aller/venir*, pour indiquer l'objectif du déplacement : -으러 se colle au radical du verbe se terminant par une consonne ; -러 après le radical se terminant par une voyelle, ex. : 노래부르다, *chanter* → 노래부르러 [nôrèboureuro], *pour chanter* ; 먹다, *manger* → 먹으러 [mokeuro], *pour manger*.

INITIATION AU CORÉEN

**La base de loisirs du 방** : 방 *[bang]* signifie littéralement *une chambre*. En Corée du Sud, il y a de nombreux divertissements exprimés par 방, par exemple, le 찜질방 *[tsim'tchilbang]*, *sauna sec coréen*, qui est un complexe dans lequel vous pouvez profiter d'activités aquatiques ainsi que faire du sport, regarder la télévision et manger. Un uniforme vous sera confié à l'entrée : en général, il est bleu pour les hommes, rose pour les femmes. Ça vous tente ?

**L'hypothèse** s'exprime avec la forme -ㄹ *[l]* / 을 것 같아요 *[eul go' gat{^h}ayo]* collée au radical du verbe : -ㄹ après le radical se terminant par une voyelle ; -을 après une consonne, ex. : 재미있다, *être amusant* → 재미있을 것 같아요 *[djèmi'isseul go' gat{^h}ayo]*, *Ça a l'air amusant*.

## *Entraînement – Traduisez les phrases suivantes*
1. Le bulgogi a l'air délicieux.
2. Je vais au supermaché pour acheter des boissons.
3. 무엇하러 찜질방에 가요 ?
4. 게임하러 갈까요 ?

## *Solutions*
1. 불고기가 맛있을 것 같아요.
2. 음료수를 사러 슈퍼에 가요.
3. Vous allez au sauna pour quoi faire ?
4. Ça vous dit d'aller jouer ?

## ↗ 20ᵉ jour

### 큰 가방
### *Un grand sac*

**1** 큰 가방 / 작은 지갑 / 예쁜 신발
*kʰeu-n gabang / djak-eun tchigaᵖ / yéppeu-n chinbal*
être grand[-adjectif] sac / être petit[-adjectif] portefeuille / être joli[-adjectif] chaussures
*le grand sac / le petit portefeuille / les jolies chaussures*

**2** 컴퓨터하는 남자 / 빵을 먹는 여자
*kʰomʰpʰyoutʰo-ha-neun namdja / ppang-eul mong-neun yodja*
l'ordinateur-faire[-proposition] homme / pain[-objet] manger[-proposition] femme.
*un homme qui utilise l'ordinateur / une femme qui mange du pain*

### *Notes de grammaire*

**L'adjectif en coréen** est formé à partir du verbe d'état. Pour transformer un verbe d'état en adjectif, il faut ajouter une des deux variantes suivantes au radical du verbe : -ㄴ après une voyelle, -은 après une consonne, ex. : 예쁘다, *être joli* + 신발, *chaussures* → 예쁜 신발 *[yéppeun chinbal], jolies chaussures*.

**Une proposition au présent** se forme d'un radical du verbe d'action + -는 *[neun]* collé à ce dernier sans se préoccuper de la dernière lettre, ex. : 빵을 먹다, *manger du pain* + 여자, *femme* → 빵을 먹는 여자 *[ppang'eul mong'neun yodja], une femme qui mange du pain*. Comment l'employer dans une phrase ? C'est, une fois de plus, comme si l'on jouait aux Lego®. Ex. : *Je rencontre <u>la femme</u>*

_qui mange du pain_ → *Je rencontre A*, A을 *[A eul]* / 를 만나요 *[reul man'nayo]*. Il suffit de remplacer le **A** : *une femme qui mange du pain*, 빵을 먹는 여자 *[ppang'eul mong'neun yo'dja]*. Finalement, *Je rencontre la femme qui mange du pain* devient 빵을 먹는 여자를 만나요.

## *Entraînement – Traduisez les phrases suivantes*
**1.** un grand sac
**2.** J'aime les grands sacs.
**3.** 비빔밥을 좋아하는 친구
**4.** 비빔밥을 좋아하는 친구를 만나요.

## *Solutions*
**1.** 큰 가방
**2.** 큰 가방을 좋아해요.
**3.** l'ami qui aime le bibimbap
**4.** Je vais voir un ami qui aime le bibimbap.

## ↗ 21ᵉ jour

## 출발
### *Le départ*

**1** 빨리요 ! 늦을지 몰라요.
*ppal'li-yo ! neudj-eultchi môl'layo*
vite[-politesse] ! être-en-retard[-doute]
*Dépêchez-vous ! (On) va être en retard.*

**2** 좀 더 자고 싶은데…기차가 몇 시에 출발하나요 ?
*djôm do dja-gô chipʰ-eundé… ki'tcha-ga myoᵗ chi-é tchoulbalha-nayo*
un-peu plus dormir[-souhait][-terminaison]… train[-sujet] quel heure[-temps] partir[-terminaison]
*(Je) veux encore dormir… Le train part à quelle heure ?*

**3** 곧 출발한다니까요.
*gôᵗ tchoulbalha-ndanikkayo*
bientôt partir[-terminaison]
*(Je vous ai déjà dit qu'il) part bientôt.*

## *Notes de grammaire*

**Exprimer une supposition ou un doute** se forme à l'aide d'un radical verbal et de la forme - ㄹ [l] / 을지 몰라요 *[eultchi môl'layo]* : - ㄹ après le radical se terminant par une voyelle ; -을 après une consonne. Cette forme dépeint une supposition, un doute ou une incertitude, ex : 늦다, *être en retard* → 늦을 지 몰라요 *[neu'djeul'tchi môl'layo]*, *(Je pense qu')on va être en retard / (Je ne sais pas si) on sera en retard.* ; 자다, *dormir* → 잘 지 몰라요 *[djal'tchi môl'layo]*, *(Je pense qu')on dort / (Je ne sais pas si) on dort.*

**La terminaison** -ㄴ [-n] / 은데 [eundé] s'ajoute au radical du verbe d'état pour laisser entendre un regret, un étonnement ou un souhait : -ㄴ s'ajoute au radical se terminant par une voyelle ; -은데, après une consonne, ex.: 자고 싶다, (j')aimerais bien dormir → 자고 싶은데 [djagô chipʰndé], (j')aimerais bien dormir mais... Certaines terminaisons à l'oral sont impossibles à traduire en français car il y a une nuance subtile difficile à rendre dans la traduction.

**La terminaison** -나요 [nayo] exprime l'interrogation. Elle est ajoutée au radical du verbe. Elle s'utilise souvent à l'oral et est également impossible à traduire en français.

**La terminaison** -ㄴ [n] / 는다니까요 [neundanikkayo] s'ajoute au radical du verbe pour apporter la confirmation ou le renchérissement d'une déclaration dont il était question précédemment : -ㄴ s'ajoute au radical se terminant par une voyelle ; -는, après une consonne.

## *Entraînement – Traduisez les phrases suivantes*
1. Peut-être que demain, il fera beau.
2. J'aimerais bien aller en Corée (mais)...
3. 기차가 곧 출발하나요 ?
4. 늦는다니까요.

## *Solutions*
1. 내일 날씨가 좋을지 모르겠어요.
2. 한국에 가고 싶은데...
3. Est-ce que le train part bientôt ?
4. (Je vous ai déjà dit qu')on est en retard.

# Conversation

## ↗ **Premiers contacts**

### **Salutations**

#### *Prise de contact*

Comparée à son équivalent français, la salutation *bonjour* en coréen prend la forme interrogative : 안녕하세요 ? Elle vient du verbe 안녕하다 qui signifie *être en paix* ("paix-être"). On demande, littéralement, à son interlocuteur s'il n'a eu aucun ennui au cours de la nuit précédente.

L'utilisation de la salutation familière 안녕 ?, *Coucou !*, est très limitée. Culturellement, on ne peut l'utiliser que lorsque le locuteur s'adresse à un interlocuteur moins âgé ou du même âge que lui, ou encore si l'on entretient une relation très familière avec lui, c'est-à-dire entre les membres de la famille, dans un couple ou entre amis très proches. C'est pour cette raison que nous ne l'utiliserons presque pas dans cet ouvrage.

| | | |
|---|---|---|
| *Bonjour !* | 안녕하세요 ? | annyong'haséyo |
| *Coucou !* (familier) | 안녕 ? | annyong |

*Comment allez-vous ?*
잘 지내세요 ? / 요즘 어떻게 지내세요 ?
*djal tchinèséyo / yôdjeum ottokʰé tchinèséyo*
bien passer-(du-temps) / ces-jours-ci comment passer-(du-temps)

## Pour prendre congé

Il existe deux types de salutations pour dire *au revoir* : 안녕히 계세요 *[annyonghi kyéséyo]*, "restez bien" et 안녕히 가세요 *[annyonghi gaséyo]*, "partez bien". La première s'emploie par la personne qui s'en va et la seconde est employée par la personne qui ne part pas.

| | | |
|---|---|---|
| À bientôt ! | 또 봐요. | *ttô bwayo* |
| À demain ! | 내일 봐요. | *nè'il bwayo* |
| À la prochaine ! | 다음에 봐요. | *da'eumé bwayo* |
| À tout à l'heure ! | 이따 봐요. | *itta bwayo* |
| Au revoir ! (pour celui qui part) | 안녕히 계세요. | *annyonghi kyéséyo* |
| Au revoir ! (pour celui qui reste) | 안녕히 가세요. | *annyonghi gaséyo* |

## La politesse

Les expressions *je vous en prie* ou *de rien* existent aussi en Corée, mais on ne les utilise pas souvent. Au lieu d'exprimer ces locutions verbalement, les Coréens vous feront un petit sourire.

| | | |
|---|---|---|
| Excusez-moi, mais... | 실례지만... (formel) | *chil'lyé'tchiman* |
| Je vous en prie. | 천만에요. (formel) 뭘요. (informel) | *tchon'manéyo* *mwol'lyo* |
| Je suis désolé(e). | 죄송합니다. (formel) 미안해요. (informel) | *tchwésong'hamnida* *mi'anhèyo* |
| Merci. | 고마워요. | *gôma'woyo* |
| S'il vous plaît ! | 여기요 ! / 저기요 ! | *yokiyo / djokiyo* |

## Souhaits

À côté des traditionnels souhaits, on trouve aussi 수고하세요 [sougô haséyo] qui est utilisé, quotidiennement, par une personne qui quitte un lieu de travail pour souhaiter aux personnes qui restent un bon déroulement dans leur travail. Traduit littéralement, cela signifie *Bon courage !* ("peine-faire"). Cette expression est très courante en Corée, car les Coréens passent beaucoup de temps au travail !

| Bonne année ! | 새해 복 많이 받으세요. | sèhè bông mani badeuséyo |
|---|---|---|
| Bon courage ! | 힘 내세요. | him nèséyo |
| Bon courage !* | 수고 하세요. | sougô haséyo |
| Félicitations ! | 축하해요. | tchou'kʰahèyo |
| | 축하드려요. (soutenu) | tchʰou'kʰa'deu'ryoyo |
| Joyeux anniversaire ! | 생일 축하해요. | sèng'il tchou'kʰahèyo |

*locution prononcée lorsque l'on quitte un lieu de travail, par ex. : commerces, bureaux, etc.

## Accord, désaccord

Mis à part le cas où vous seriez interrogé(e) dans un service administratif ou officiel, il ne faut pas, pour donner ou non votre accord, utiliser simplement "oui" ou "non". Cette simple réponse suggère, dans la société coréenne, un manque de volonté de poursuivre la conversation. En cas de désaccord notamment, un simple "non" peut faire penser à votre interlocuteur que vous le rejetez.

| Oui. | 네. | né |
| --- | --- | --- |
| Oui, évidemment ! | 네, 당연하죠. | né, dang'yonha'tchyo |
| Oui, j'ai compris. | 네, 알겠어요. | né, alkéssoyo |
| Cela me convient. | 좋아요. | djōayo |
| Euh… je vais réfléchir. | 글쎄요, 생각해 볼게요. | keulsséyo, sèng'ga'k$^h$è bôlkkéyo |
| Je ne sais pas trop. | 잘 모르겠어요. | djal mo'reukéssoyo |
| Je ne pense pas. | 아닌 것 같은데요. | anin go' ga't$^h$eundéyo |
| Non. | 아니요. | aniyo |
| Non, merci. | 아니요, 괜찮아요. | aniyo, kwèn'tchanayo |

## Questions, réponses

Même principe que pour montrer l'accord et le désaccord : si quelqu'un vous pose des questions, répondez en répétant le verbe utilisé dans la question.

*Êtes-vous étudiant(e) ?*
학생이에요 ?
ha$^k$'ssèng'iéyo
étudiant-être

*Oui, je suis étudiant(e).*
네, 학생이에요.
né, ha$^k$'ssèng'iéyo
oui, étudiant-être

*Non, je ne le suis pas.*
아니요, 학생이 아니에요.
aniyo, ha$^k$'ssèng'i aniéyo
non, étudiant-ne pas-être

Au fil de la conversation, vous pourrez la rythmer ainsi :

| Ah bon ? | 아 ! 그래요 ? | a ! keurèyo |
| --- | --- | --- |
| C'est vrai ? | 정말요 ? | djong'mal'lyo |

## Langage du corps

Les Occidentaux utilisent fréquemment la gestuelle et ils dynamisent la conversation en laissant paraître diverses expressions sur leur visage. En revanche, les Coréens (ou en général les peuples qui ont suivi la doctrine confucianiste) s'expriment assez peu en utilisant gestes et expressions faciales. L'homme idéal dans la culture confucianiste était un homme "discret" : il ne faut pas se faire remarquer. Afin d'être "discrètes", les femmes coréennes cachent leurs bouches lorsqu'elles rient.

En Corée, il faut absolument éviter de désigner une personne en la montrant du doigt ; il ne faut pas non plus fixer directement votre interlocuteur dans les yeux, cela peut être interprété comme une forme d'impolitesse ou parfois même comme une provocation. Regardez plutôt le menton et de temps en temps, les yeux. Les Coréens se saluent par une inclinaison du buste, mais ils ne se touchent pas, donc pas de bise, pas de petite tape amicale sur l'épaule.

## Langues et compréhension

La pluparts des noms de pays se prononcent en anglais coréanisé. Lorsque vous parlez de la langue, ajoutez -어 *[o]* après le nom du pays sauf pour l'*anglais* qui se dit 영어 *[yong'o]*. Quant à la nationalité, ajoutez 사람 *[saram]* après le nom du pays.

*Je parle coréen.*
한국어를 할 수 있어요.
han'gouko'reul hal ssou issoyo
coréen faire peux

*Je ne parle pas coréen.*
한국어를 못 해요.
han'gou'ko'reul môtʰèyo
coréen ne-peux-pas faire

| | | |
|---|---|---|
| J'ai compris. | 이해했어요. | ihèhèssoyo |
| Je ne comprends pas. | 모르겠어요. | moreukéssoyo |
| Pardon ? | 뭐라구요 ? | mwo'ra'gouyo |
| Parlez doucement svp. | 천천히 말씀해 주세요. | tchon'tchon'hi malsseumhè djouséyo |
| Pourriez-vous répéter ? | 다시 말씀해 주시겠어요 ? | da'chi malsseumhè djou'chikéssoyo |

| | | |
|---|---|---|
| Allemagne / Allemand(e) | 독일 / 독일 사람 | dôkil / dôkil saram |
| Australie / Australien(ne) | 호주 / 호주 사람 | hôdjou / hô'djou saram |
| Belgique / Belge | 벨기에 / 벨기에 사람 | bélkié / bélkié saram |
| Canada / Canadien(ne) | 캐나다 / 캐나다 사람 | kʰènada / kʰènada saram |
| Espagne / Espagnol(e) | 스페인 / 스페인 사람 | seupʰéin / seupʰéin saram |
| France / Français(e) | 프랑스 / 프랑스 사람 | pʰeu'rang'sseu / pʰeu'rang'sseu saram |
| Italie / Italien(ne) | 이탈리아 / 이탈리아 사람 | itʰal'lia / itʰal'lia saram |
| Japon / Japonais(e) | 일본 / 일본 사람 | ilbôn / ilbôn saram |
| États-Unis / Américain(e) | 미국 / 미국 사람 | migouᵏ / migouᵏ ssaram |
| Pays-Bas / Néerlandais(e) | 네덜란드 / 네덜란드 사람 | nédol'landeu / nédol'landeu saram |
| Royaume-Uni / Britannique | 영국 / 영국 사람 | yong'gouᵏ / yong'gouᵏ ssaram |
| Suisse / Suisse(sse) | 스위스 / 스위스 사람 | seu'wi'sseu / seu'wi'sseu saram |

| Je parle...* | | |
|---|---|---|
| allemand. | 독일어 | dôkiro |
| anglais. | 영어 | yong'o |
| espagnol. | 스페인어 | seupʰéino |
| français. | 프랑스어 | pʰeu'rang'sseu'o |
| italien. | 이탈리아어 | itʰal'lia'o |

| | | |
|---|---|---|
| *japonais.* | 일본어 | *ilbôno* |
| *néerlandais.* | 네덜란드어 | *nédol'landeu'o* |
| | ...를 해요* | *reul hèyo* |

\* Pour dire "Je parle…", deux formes sont possibles :
...를 할 수 있어요 [*reul hal sso issoyo*] ("je peux parler") / ...를 해요 [*reul hèyo*] ("je parle").

Les démonstratifs coréens fonctionnent selon la distance se trouvant entre l'objet et la personne à qui l'on parle : 이거 [*igo*], *celui-ci / ça*, s'emploie lorsque l'objet est proche de la personne qui parle ; 그거 [*keugo*], *celui-là*, lorsque l'objet est plus près de la personne à qui l'on parle ; *celui là, là-bas* 저거 [*djogo*], lorsque l'objet est à la fois loin de la personne qui parle et loin de la personne qui écoute.

| | | |
|---|---|---|
| *Comment puis-je dire cela en coréen ?* | 이거 한국어로 어떻게 말해요? | *igo han'goukorô ottokʰé malhèyo* |
| *ça là* (près de l'interlocuteur) | 그거 | *keugo* |
| *ça là-bas* (loin des deux) | 저거 | *djogo* |

## ↗ Rencontres et présentations

### Se rencontrer

La formalité d'une rencontre se dessine selon la situation. Si vous rencontrez quelqu'un au cours d'une situation professionnelle, commencez par échanger vos cartes de visite, cela permet de présenter votre identité professionnelle, puis serrez la main, comme les francophones. Ensuite, vous pourrez désigner la personne par son titre. N'oubliez pas d'ajouter 님 *[nim]* après le titre et/ou le grade, ex.: 부장 *[boudjang]*, *directeur*, devient 부장님 *[boudjang'nim]*, Monsieur le Directeur. Dans une situation professionnelle, on emploie plutôt la terminaison du style poli formel qui se termine par −ㅂ니다 *[mnida]* (après une voyelle) /습니다 *[seumnida]* (après une consonne) à l'affirmatif, et par −ㅂ니까 *[mnikka]* (après une voyelle) /습니까 *[seumnikka]* (après une consonne) à l'interrogatif.

*Voici ma carte.*
여기 제 명함입니다.
*yoki djé myong'hamimnida*
ici ma carte-être

*Monsieur le Directeur, je suis honoré(e) de vous rencontrer.*
부장님, 만나뵙게 되어 영광입니다.
*boudjangnim man'na'bwé<sup>p</sup>'kké dwé'o yong'kwang'imnida*

Si vous rencontrez quelqu'un dans une situation en dehors du travail, désignez cette personne par son prénom (si vous le connaissez), accompagné du terme de politesse 씨 *[chi]*. Dans ce cas, saluez la personne en inclinant légèrement la tête.

*Enchanté(e) de vous rencontrer, Carole.*
까롤 씨, 반가워요.
*kkarôl chi ban'gawoyo*

*Merci de m'avoir si bien accueilli(e).*
환영해 주셔서 감사해요.
*hwan'yong'hè djou'chyoso gamsahèyo*

## Se présenter ou présenter quelqu'un

Quand on se présente, on commence toujours par le nom de famille, accompagné par le prénom. Pour les francophones, l'ordre importe peu ; présentez-vous soit par le nom de famille en premier ou soit par le prénom.

*Je suis Jérôme Bourgeois.*
제롬 부르조아입니다.
*djérôm boureu'djô'a'imnida*
Jérôme Bourgeois-être

*Je m'apelle Kim Yu-mi.*
제 이름은 김유미입니다.
*djé ireumeun kim'youmi'imnida*
mon nom Kim-Yu-mi-être

Pour présenter quelqu'un, il faut ajouter la forme de politesse 씨 *[chi]* après le prénom, sauf entre amis ou avec les membres de la famille. Attention ! Cette forme s'emploie pour désigner quelqu'un mais jamais pour se désigner soi-même ; notez également qu'on ne la met pas après le nom de famille, cela peut parfois être interprété de manière péjorative, sauf dans les nouvelles (journal, journal télévisé, etc.).

| C'est... | | |
|---|---|---|
| *mon amie Carole.* | 제 친구 까롤 | *djé tchin'gou kkarôl* |
| *ma femme.* | 제 아내 | *djé anè* |
| *mon mari.* | 제 남편 | *djé nampʰyon* |
| | ...이에요 / 예요. | *iéyo / yéyo* |

## Dire d'où l'on vient

*D'où venez-vous ?*
어디에서 오셨어요 ?
*odiéso ô'chyossoyo*
où-de venir

Cette question suggère deux réponses différentes selon la situation : votre nationalité ou le nom de votre entreprise ou de l'école à laquelle vous appartenez. Vous pourrez alors répondre :

*Je suis suisse.*
스위스에서 왔어요.
*seuwisseuéso wassoyo*
Suisse-de venir

*Je suis étudiant(e) à l'université de Lyon.*
리옹대학에서 왔어요.
*liông'dèhakéso wassoyo*
Lyon-université-de venir

## Dire son âge

En Corée, il est fréquent de demander son âge à quelqu'un pour repérer le niveau de politesse ou le terme que l'on doit utiliser envers cette personne.

*Excusez-moi mais, quel âge avez-vous ?*
실례지만, 나이가 어떻게 되세요 ?
*chil'lé'tchiman, na'iga ottok^hé dwéséyo*
impolitesse-mais, âge comment devenir

Pour donner l'âge, il faut utiliser le chiffre coréen :

| J'ai... | | |
|---|---|---|
| 26 ans. | 26 | seumour yoso[i] |
| 10 / 11 / 12 ans. | 열 / 열 한 / 열 두 | yol / yol han / yol dou |
| 20 / 30 / 40 ans. | 스물 / 서른 / 마흔 | seumoul / soreun / maheun |
| 50 / 60 / 70 ans. | 쉰 / 예순 / 일흔 | chwin / yé'soun / ilheun |
| 80 / 90 / 100 ans. | 여든 / 아흔 / 백 | yodeun / aheun / bè[k] |
| | ...살이에요. | sariéyo |

Savez-vous qu'en Corée, on compte l'âge différemment qu'en Occident ? Dès la naissance d'un nouveau-né, on lui attribue un an, et le 1er janvier tout le monde prend un an de plus. L'anniversaire personnel se fête mais ce n'est pas ce jour-là que l'on prend un an supplémentaire. Imaginons un bébé né le 11 décembre : à sa naissance, il a déjà un an. Un mois après, le 1er janvier, on lui ajoute un an de plus. Le nouveau-né n'a réellement vécu qu'un mois à peine, mais il prendra deux ans le 1er janvier de l'année suivante. C'est étrange, n'est-ce pas ? Quand vous voyagez en Corée, il faut que vous vous ajoutiez deux ans de plus ; si vous avez déjà passé la date de votre anniversaire, n'ajoutez qu'un an seulement. On vieillit en voyageant en Corée, mais ne vous inquiétez-pas, vous rajeunirez quand vous rentrerez chez vous ! Un voyage ("dans le temps") surprenant !

# Famille

Vous pourrez remarquer qu'en Corée, les gens mariés portent une alliance à l'annulaire ainsi que les "amoureux".
En général, les Coréens quittent le domicile de leurs parents après le mariage. Les célibataires, quel que soit leur âge, restent chez

leurs parents avant le mariage. Il est, pour le moment, rare de voir un couple non marié habiter le même logement.

*J'ai une grande sœur et un petit frère.*
언니하고 남동생이 있어요.
*onnihagô namdôngsèng'i issoyo*
grande-sœur-et petit-frère avoir

*Êtes-vous marié(e) ?*
결혼하셨어요 ?
*kyolhônha'chyossoyo*
se-marier

*Oui, je suis marié(e).*
네, 결혼했어요.
*né, kyolhônhèssoyo*
oui, se-marier

*Non, je suis célibataire.*
아니요, 미혼이에요.
*aniyo, mihôniéyo*
non, célibataire-être

Attention ! Le locuteur masculin doit employer 누나 *[nouna]*, *grande sœur*, et 형 *[hyong]*, *grand frère*, tandis qu'une femme doit employer 언니 *[onni]*, *grande sœur*, et 오빠 *[ôppa]*, *grand frère*. Elle peut utiliser le terme 오빠 *[ôppa]* pour désigner de façon plus intime un homme plus âgé.

| *famille* | 가족 | *ga'djô<sup>k</sup>* |
|---|---|---|
| *grand-mère (paternelle) / grand-mère maternelle* | 할머니 / 외할머니 | *halmoni / wéhalmoni* |
| *grand-père (paternel) / grand-père maternel* | 할아버지 / 외할아버지 | *harabo'tchi / wéharabo'tchi* |
| *parents* | 부모님 | *boumônim* |
| *mère / maman* | 어머니 / 엄마 | *omoni / om'ma* |
| *père / papa* | 아버지 / 아빠 | *abo'tchi / a'ppa* |
| *fille* | 딸 | *ttal* |

| fils | 아들 | adeul |
|---|---|---|
| grande sœur / grand frère (employés par un locuteur féminin) | 언니 / 오빠 | on'ni / ô'ppa |
| grande sœur / grand frère (employés par un locuteur masculin) | 누나 / 형 | nouna / hyong |
| petite sœur | 여동생 | yodôngsèng |
| petit frère | 남동생 | namdôngsèng |
| épouse | 부인 (soutenu) / 아내 | bou'in / anè |
| époux | 남편 | namp<sup>h</sup>yon |
| petite amie | 여자 친구 | yo'dja tchin'gou |
| petit ami | 남자 친구 | namdja tchin'gou |

Les termes "belle(s), beau(x)" de *beaux-parents*, *belle-mère*, *beau-frère* etc. en français n'existent pas tels-quels en coréen ; voici leurs équivalents :

| mère du mari / père du mari | 시어머니 / 시아버지 | chi'omoni / chi'abo'tchi |
|---|---|---|
| mère de l'épouse / père de l'épouse | 장모님 / 장인어른 | djang'mônim / djang'ino'reun / |
| belle-mère* | 새어머니 / 새엄마 (familier) | sè'omoni / sè'om'ma |
| beau-père** | 새아버지 / 새아빠 (familier) | sè'abo'tchi / sè'appa |

\* seconde épouse du père
\*\* second mari de la mère

## Emploi, activités, études

Quand on demande à quelqu'un quel est son métier, on répond souvent, dans un premier temps, que l'on fait partie d'une de ces "catégories" : entrepreneur/-se, employé(e) ou fonctionnaire.

Suite à cela, on précise le nom de l'entreprise ou le métier que l'on exerce, si c'est une profession libérale.

*Que faites-vous dans la vie ?*
무슨 일 하세요 ?
*mouseun il haséyo*
quel travail faire

*Quel est votre métier ?*
직업이 어떻게 되세요 ?
*tchi'kopi ottok^hé dwéséyo*
métier comment devenir

*Je suis employé(e).*
회사원이에요.
*hwésawoniéyo*
employé(e)-être

*Je travaille chez...*
... 에서 일해요.
*... éso ilhèyo*
... chez travailler

| Je suis... | | |
|---|---|---|
| *artiste.* | 예술가 | *yésoulga* |
| *avocat(e).* | 변호사 | *pyonhôsa* |
| *banquier(-ère).* | 은행원 | *eunhèng'won* |
| *cuisinier(-ère).* | 요리사 | *yôri'sa* |
| *demandeur(-se) d'emploi.* | 구직자 | *gou'tchi^k'tsa* |
| *enseignant(e).* | 선생님 | *sonsèng'nim* |
| *enseignant(e) à l'université / professeur(e).* | 교수 | *kyôsou* |
| *fonctionnaire.* | 공무원 | *gông'mou'won* |
| *femme au foyer.* | 가정주부 | *ga'djong'djoubou* |
| *ingénieur(e).* | 엔지니어 | *én'tchinio* |
| *médecin.* | 의사 | *eui'sa* |
| *retraité(e).* | 퇴직자 | *t^hwé'tchi^k'tsa* |
| | ...이에요 / 예요. | *iéyo / yéyo* |

Pour parler de l'établissement auquel on est affilié, le verbe 다니다 [*danida*], *fréquenter*, est souvent employé avec le lieu en question.

| *Je vais...* | | |
|---|---|---|
| au collège. | 중학교 | djoung'ha$^{k'}$kkyô |
| au lycée. | 고등학교 | gôdeung'ha$^{k'}$kiiyô |
| à l'université. | 대학교 | dèha$^{k'}$kkyô |
| | …에 다녀요. | é danyoyo |

| *J'étudie...* | | |
|---|---|---|
| l'architecture. | 건축학 | gon'tchou'k$^h$ak |
| la biologie. | 생물학 | sèng'moulhak |
| l'économie. | 경제학 | kyong'djéhak |
| l'histoire. | 역사학 | yok'ssahak |
| l'informatique. | 컴퓨터 공학 | k$^h$omp$^h$yout$^h$o gông'hak |
| la littérature. | 문학 | mounhak |
| le management. | 경영학 | kyong'yong'hak |
| la médecine. | 의학 | euihak |
| la psychologie. | 심리학 | chimnihak |
| | …을 공부해요. | eul gôngbouhèyo |

## Religions, traditions

Les religions principales en Corée sont le bouddhisme, le catholicisme et le protestantisme. Dans la philosophie confucéenne en Corée, 예의 *[yé'eui]*, *politesse*, et 존중 *[djôn'djoung]*, *respect*, envers les autres, plus particulièrement les personnes âgés passent avant tout. N'oubliez pas de leur céder la place dans les transports en commun sinon, vous serez mal vu(e) !

*Quelle est votre religion ?*
종교가 어떻게 되세요 ?
*djông'kyôga ottok$^h$é dwéséyo*
religion comment être

*Veuillez vous asseoir ici.*
여기 앉으세요.
*yoki an'djeuséyo*
ici s'asseoir

*Comme vous êtes poli(e) !*
예의바른 사람이군요 !
*yé'euibaren saramigoun'nyo*
être-poli personne-être

| Je suis... | | |
|---|---|---|
| athée. | 무교 / 무종교 | *moukyô / moudjông'kyô* |
| bouddhiste. | 불교 신자 | *boulkyô chindja* |
| catholique. | 가톨릭교 신자 | *gatʰôl'liʳ'kkyô chindja* |
| juif(-ve). | 유대교 신자 | *youtʰèkyô chindja* |
| musulman(e). | 이슬람 신자 | *iseul'lam chindja* |
| protestant(e). | 기독교 신자 | *kidôkʰ'kkyô chindja* |
| ...예요. | | *yéyo* |

## Le temps qu'il fait

Les *prévisions météorologiques*, 일기 예보 *[ilkiyébô]*, en Corée sont assez fiables, ce qui est plutôt pratique pour prévoir les vêtements à emporter, avant votre départ.

La Corée est un pays entouré par la mer et les *saisons*, 계절 *[kyédjol]*, sont au nombre de quatre : *printemps*, 봄 *[bôm]* ; *été*, 여름 *[yoreum]* ; *automne*, 가을 *[ga'eul]* ; *hiver*, 겨울 *[kyo'oul]*. Les changements de saison sont très marqués. De façon générale, le printemps et l'automne sont doux et agréables, l'été est chaud et humide, et l'hiver est souvent très sec et froid. Attention en été, on voit parfois arriver des typhons !

*Que dit la météo pour ce week-end ?*
이번 주말 일기예보가 어때요 ?
*ibon djoumal ilkiyébôga'ottèyo*
ce week-end météo est-comment

| Il fait… | 날씨가… ("temps") | nalchiga |
|---|---|---|
| beau. | 좋아요. | djôayo |
| chaud. | 더워요. | dowoyo |
| doux (tempéré). | 따뜻해요. | ttatteu'tʰèyo |
| frais. | 시원해요. | chiwonhèyo |
| froid. | 추워요. | tchouwoyo |
| humide. | 습해요. | seupʰèyo |
| sec. | 건조해요. | gondjôhèyo |

| Le ciel est dégagé | 하늘이 맑아요. | haneuri malgayo |
|---|---|---|
| Il neige. | 눈이 와요. | nouni wayo |
| Il pleut. | 비가 와요. | piga wayo |
| Il y a du vent. | 바람이 불어요. | barami bouroyo |
| Le temps est nuageux. | 구름이 끼었어요. | goureumi kki'ossoyo |
| Le typhon arrive. | 태풍이 와요. | tʰèpʰoung'i wayo |
| Il y a du brouillard. | 안개가 끼었어요. | ankèga kkiossoyo |

## Sentiments et opinions

Les Coréens n'expriment pas vraiment leur mécontentement, pour ne pas mettre mal à l'aise les gens autour d'eux, exception faite dans les commerces.

| C'est bien. | 좋아요 / 괜찮아요.<br>"être-bien / ça-va" | djôayo / kwèn'tchanayo |
|---|---|---|
| C'est confortable. | 편해요. | pʰyon'hèyo |
| Ce n'est pas confortable. | 불편해요. | boul'pʰyonhèyo |
| C'est désagréable. | 불쾌해요. | boul'kʰwèhèyo |
| C'est regrettable. | 유감이에요. | yougamiéyo |
| C'est intéressant / drôle. | 재미있어요. | djèmi'issoyo |
| Ce n'est pas terrible. | 별로예요. | pyol'lô'yéyo |

CONVERSATION

| | | |
|---|---|---|
| Ça m'embête un peu. | 조금 곤란해요. | djôkeum gôl'lanhèyo |
| Ça m'énerve. | 짜증나요. | tsa'djeung'nayo |
| Ça me plaît. | 마음에 들어요. | ma'eumé deuroyo |
| Ça ne me plaît pas. | 마음에 안 들어요. | ma'eumé an deuroyo |
| Comme ci comme ça. | 그냥 그래요. | keu'nyang keurèyo |
| Je ne sais pas trop. | 잘 모르겠어요. | djal môreukéssoyo |
| Je m'ennuie. | 심심해요. | chim'chimhèyo |

## Invitation, visite

Il est très rare que les Coréens invitent des amis chez eux, sauf pour la pendaison de crémaillère. En général, ils se donnent rendez-vous à l'extérieur pour des activités diverses : restaurant, bar, cinéma, bowling, concert, etc.

Pour inviter quelqu'un :

| On va... | | |
|---|---|---|
| au bar ? | 바에... | baé |
| au noraebang* / karaoké ? | 노래방에... | nôrèbang'é |
| au parc ? | 공원에... | gông'woné |
| au restaurant ? | 식당에... | chi*'ttang'é |
| boire un verre ? | 술 마시러... | soul machiro |
| dans un café ? | 커피숍에... | kʰopʰichyôbé |
| manger ? | 밥 먹으러... | bam mokeuro |
| regarder un film ? | 영화보러... | yonghwabôro |
| voir un spectacle ? | 공연보러... | gông'yonbôro |
| | ...갈까요 ? | ...galkka'yo |

\* C'est un divertissement populaire. Littéralement, on le traduit 노래, *chanson*, et 방, *chambre*.

Accepter une invitation :

*Ça marche !*
좋아요.
*djôayo*

*Oui, on y va !*
네, 가요.
*né, gayo*

Refuser une invitation (il est préférable d'utiliser la manière indirecte) :

*Désolé(e), mais j'ai un autre rendez-vous.*
죄송하지만 다른 약속이 있어요.
*tchwésông'ha'tchiman dareun ya$^k$'ssôki issoyo*
désolé(e)-mais, autre rendez-vous avoir

*Désolé(e), on ira la prochaine fois.*
죄송하지만 다음에 가요.
*tchwésông'ha'tchiman da'eumé gayo*
désolé(e)-mais, prochaine-fois aller

*Je n'ai pas envie.*
싫은데요.
*chireundéyo*

Si vous êtes invité(e) chez une famille coréenne, il y a quelques conseils à retenir avant de s'y rendre comme par exemple, enlever ses chaussures en arrivant. Ne soyez pas gêné(e) si la maîtresse de maison range vos souliers ; souvent, elle les range près de la porte pour que vous puissiez les remettre plus facilement. Cela vous paraîtra peut-être étrange également, mais les Coréens font souvent des commentaires sur le physique pour faire des compliments. Retournez le compliment (pas trop lourd) à votre tour, cela réchauffera l'ambiance !

*Merci de votre invitation.*
초대해 주셔서 감사해요.
*tchôdèhè djou'chyoso gamsahèyo*
inviter parce-que merci

*Vous êtes vraiment grand.**
키가 정말 크시네요.
*kʰiga djongmal kʰeu'chinéyo*
taille vraiment être-grand

*Vous êtes belle.***
미인이시네요.
*mi'ini'chinéyo*
belle-femme-être

*Vous avez l'air sympathique !*
인상이 좋으시네요.
*insang'i djô'euchinéyo*
mine être-bien

*Vous faites plus jeune que votre âge.*
나이보다 젊어 보이세요.
*na'i bôda djolmo bô'i'séyo*

\* pour un homme
\*\* pour une femme

Enfin, nous passons à table ! Avant de commencer le repas, la maîtresse de maison souhaite un "bon appétit" d'une façon humble (voir ci-contre : "je n'ai pas préparé grand-chose mais, régalez-vous"). S'il y a des personnes âgées à table, vous devrez attendre qu'elles commencent leur repas, vous commencerez ensuite. Il ne faut pas refuser quand les gens vous proposent de la nourriture. Finir un plat fera plaisir à la maîtresse de maison mais ne vous forcez pas non plus. On ne boit pas d'alcool en face d'une personne plus âgée ; vous tournerez la tête avec votre verre. On ne fume pas non plus en présence de personnes âgées. À présent, vous aurez certainement remarqué qu'en Corée, les personnes âgées sont très respectées, plus que quiconque !

*Bon appétit !*
차린 건 없지만 맛있게 드세요.
*tcharin gon oᵖ'tsiman machiʰ'kké deuséyo*
préparer chose rien-mais délicieusement manger
→ de la part de la maîtresse de maison

*Bon appétit !*
잘 먹겠습니다.
*djal moᵏ'kkéʰ'sseumnida*
bien vais-manger
→ de la part de l'invité qui veut aussi implicitement signifier "Je mangerai avec plaisir !"

*C'est vraiment délicieux !*
정말 맛있네요 !
*djongmal machin'néyo*

*Faites comme chez vous.*
편하게 하세요.
*pʰyon'haké haséyo*

*Cul sec !*
원 샷 !
*won chyat*

*Santé !*
건배 !
*gonbè*

## Un rendez-vous ?

Les Coréens proposent souvent un rendez-vous en déclarant 제가 밥 살게요 *[djéga bap salkkéyo]* "Je vous invite au repas" ou en demandant 밥 사 주세요 *[bap sa djouséyo]* "Invitez-moi à un repas". Après, on fixe la date, l'heure et l'endroit.

*À quelle heure / Où est-ce que nous retrouvons-nous ?*
몇 시에 /어디에서만날까요 ?
*myoᵗ chié / odiéso man'nalkkayo*
quelle heure-à / où-dans se-rencontrer

CONVERSATION

*Je vous attendrai devant la sortie du métro.*
지하철 출구 앞에서 기다릴게요.
*tchiha'tchol tchoulgou ap$^h$éso kidaril'kkéyo*
métro sortie devant attendre

| (à) côté | 옆 | *yo$^p$* |
|---|---|---|
| devant / derrière | 앞 / 뒤 | *a$^p$ / dwi* |
| côté gauche / côté droit | 왼쪽 / 오른쪽 | *wéntsô$^k$ / ôreuntsô$^k$* |
| dedans / dehors | 안 / 밖 | *an / ba$^k$* |

## L'amour

Vous avez un coup de cœur pour quelqu'un ? Pour avouer vos sentiments, soyez poli(e) et respectueux(-se). Vous aurez plus de chance de convaincre !

*Auriez-vous un moment ?*
시간 있으세요 ?
*chigan isseuséyo*
temps avoir

*Est-ce que je vous plais ?*
저를 어떻게 생각하세요 ?
*djoreul ottok$^h$é sèng'gak$^h$aséyo*
me comment penser

*Vous me plaisez.*
그 쪽이 마음에 들어요.
*keu tsôki ma'eumé deuroyo*

*Puis-je avoir votre numéro de téléphone ?*
전화번호 좀 알 수 있을까요 ?
*djonhwabonhô djôm al ssou isseulkkayo*

*Peut-on boire un café ensemble ?*
커피 한 잔 할까요 ?
*k$^h$op$^h$i han djan halkkayo*
café une tasse faire

## ↗ Temps, dates et fêtes

### Dire l'heure

Souvenez-vous des systèmes de chiffres : purement coréen et sino-coréen (leçons d'initiation 12 et 13). Pour parler des heures, on emploie les chiffres coréens, pour les minutes, on emploie le système sino-coréen. L'heure coréenne s'exprime en deux cycles de 12 h et est précédée d'un terme précisant le moment de la journée auquel on se réfère : 오전 [ôdjon], *matinée*, ou 오후 [ôhou], *après-midi*.

*Quelle heure est-il ?*
몇 시예요 ?
*myo<sup>t</sup> chiyéyo*
quelle heure-être

*Il est 14 h 40.*
오후 2 시 40분이에요.
*ôhou dou chi sach<sup>ip</sup>'ppouniéyo*
après-midi 2 h 40 minute-être

| heure | 시 | chi |
|---|---|---|
| minute | 분 | boun |
| midi | 정오 | djong'ô |
| après-midi | 오후 | ôhou |
| soirée / soir | 저녁 | djo'nyo<sup>k</sup> |
| crépuscule | 해질녘 | hè'tchil'lyo<sup>k</sup> |
| nuit | 밤 | bam |
| aube | 새벽 | sèpyo<sup>k</sup> |

| 1 h | 한 시 | han chi | 7 h | 일곱 시 | ilgô<sup>p</sup> chi |
|---|---|---|---|---|---|
| 2 h | 두 시 | dou chi | 8 h | 여덟 시 | yodol chi |
| 3 h | 세 시 | sé chi | 9 h | 아홉 시 | ahô<sup>p</sup> chi |
| 4 h | 네 시 | né chi | 10 h | 열 시 | yol chi |
| 5 h | 다섯 시 | daso<sup>t</sup> chi | 11 h | 열 한 시 | yol han chi |
| 6 h | 여섯 시 | yoso<sup>t</sup> chi | 12 h | 열 두 시 | yol ttou chi |

CONVERSATION

## Dire une date

La date en coréen se dit selon l'ordre "année, mois, jours". Pour la date, on emploie le système sino-coréen.

*Quel jour sommes-nous ?*
오늘이 몇 월 며칠이에요 ?
*ôneuri myo dwol myo'tchiriéyo*
aujourd'hui quel mois quel-jours-être

*Nous sommes le 30 août.*
8 월 30 일이에요.
*parwol samchipiriéyo*
huit mois 30 jour-être

## Vocabulaire du temps, des jours et des saisons

### Les jours de la semaine

| On est... | | |
|---|---|---|
| lundi. | 월요일... | woryô'il |
| mardi. | 화요일... | hwayô'il |
| mercredi. | 수요일... | souyô'il |
| jeudi. | 목요일... | môkyô'il |
| vendredi. | 금요일... | keumyô'il |
| samedi. | 토요일... | t'ôyô'il |
| dimanche. | 일요일... | iryô'il |
| | ...이에요. | iéyo |

### Les mois

*Quel mois sommes-nous ?*
몇 월이에요 ?
*myo dworiéyo*
quel mois-être

*On est en juillet.*
7 월이에요.
*tchir wo'riéyo*
7 mois-être

| janvier | 1월 | irwol |
|---|---|---|
| février | 2월 | iwol |

| *mars* | 3월 | *samwol* |
|---|---|---|
| *avril* | 4월 | *sawol* |
| *mai* | 5월 | *ôwol* |
| *juin* | 6월 | *you'wol* |
| *juillet* | 7월 | *tchirwol* |
| *août* | 8월 | *pʰarwol* |
| *septembre* | 9월 | *gou'wol* |
| *octobre* | 10월 | *chi'wol* |
| *novembre* | 11월 | *chipirwol* |
| *décembre* | 12월 | *chipiwol* |

## *La date*

*Quelle est la date d'aujourd'hui ?*
오늘이 며칠이에요 ?
*ôneuri myo'tchiriéyo*
aujourd'hui quel-jour-être

*On est le 28.*
28 일이에요.
*ichiᵖ'pʰar iriéyo*
28 jour-être

## *Les saisons*

| *printemps* | 봄 | *bôm* |
|---|---|---|
| *été* | 여름 | *yoreum* |
| *automne* | 가을 | *ga'eul* |
| *hiver* | 겨울 | *kyo'oul* |

## *Le temps*

*Quand êtes-vous arrivé(e) en Corée ?*
언제 한국에 도착하셨어요 ?
*ondjé hangouké dô'tchakʰa'chyossoyo*
quand Corée-en arriver

*Le mois dernier.*
지난달에요.
tchinandaréyo
dernier-mois-à

| hier | 어제 | odjé |
| la veille | 전날 | djon'nal |
| cette semaine | 이번 주 | ibon djou |
| la semaine dernière | 지난 주 | tchi'nan djou |
| ce mois-ci | 이번달 | ibon'ttal |
| le mois dernier | 지난달 | tchinandal |

Pour exprimer la durée :

*Combien de temps resterez-vous en Corée ?*
얼마 동안 한국에 머물어요 ?
olma dông'an han'gouké momouroyo
combien pendant Corée-en rester

*Je reste 15 jours.*
15 일 동안 머물어요.
chipô il dông'an momouroyo
15 jour pendant rester

*J'ai étudié le coréen pendant deux ans.*
2 년 동안 한국어를 공부했어요.
i nyon dông'an han'goukoreul gông'bouhèssoyo
2 année pendant le-coréen étudier

| pendant 2 ans | 이 년 동안* | i nyon dông' an |
| pendant 2 mois | 두 달 동안** | dou dal dông' an |

| | | |
|---|---|---|
| *pendant 2 semaines* | 이 주 동안* | *i djou dông' an* |
| *pendant 2 jours* | 이 일 동안* | *i il dông' an* |
| *pendant 2 heures* | 두 시간 동안** | *dou chigan dông' an* |

\* chiffre sino-coréen
\*\* chiffre coréen

## Jours fériés

Il y a deux "Nouvel An" en Corée : le 1ᵉʳ janvier suivant le 양력 [yang'nyok], *calendrier solaire*, et le Jour de l'an (la date varie chaque année) suivant le 음력 [eumnyok], *calendrier lunaire*. Historiquement, le Nouvel An lunaire est plus important en Corée. C'est une fête très familiale qui suit tout un rituel : la famille rend 차례 [tcharé], *un culte aux ancêtres*, le matin en 한복 [hanbôk], tenue traditionnelle coréenne. Les jeunes de la famille font 세배 [sébè], *des révérences*, aux personnes âgées, en retour ces dernières leur donnent 세뱃돈 [sébèttôn], *de l'argent pour la révérence*, pour les étrennes du Nouvel An, en exprimant de bons vœux pour leur avenir. Le matin on mange la 떡국 [ttokʼkkouk], soupe de gâteaux de riz. Les Coréens disent que chaque bol de 떡국 donne accès à un an de vie supplémentaire. Rappelez vous qu'en Corée, c'est ce jour là qu'on ajoute un an plus. Les enfants en mangent plusieurs bols en espérant gagner autant d'années. C'est quasiment la seule période où tous les services publics et commerces sont fermés.

Étant un pays agricole, la fête de 추석 [tchousok], *Chuseok (fête des récoltes)* est très importante en Corée ; la date de cette célébration varie entre septembre et octobre, selon le calendrier lunaire. La famille rend également 차례 [tcharé], *un culte aux ancêtres*, en 한복 [hanbôk]. Cette fois-ci, on prépare des 송편 [sôngpʰyon], *gâteaux de riz fourrés de pâte de haricots rouges*. Un dicton dit que si une femme réussit le 송편, elle pourra donner naissance à une jolie fille. Les femmes se concentrent donc pour bien préparer ce plat et les hommes cherchent ces femmes en rêvant de leurs futurs enfants...

*Quel plat mange-t-on pour le Nouvel An ?*
설날에 무슨 음식을 먹어요 ?
*sol'laré mouseun eumchikeul mokoyo*
Nouvel-An-à quel plat manger

*Bonne année ! (Recevez beaucoup de bonheur !)*
새 해 복 많이 받으세요.
*sèhè bông mani badeuséyo*
Nouvel An bonheur beaucoup recevoir

| Nouvel An solaire | 설날 / 신정* | *sol'lal / chindjong* |
|---|---|---|
| Nouvel An lunaire | 설날 / 구정* | *sol'lal / gou'djong* |
| anniversaire de Bouddha (8 avril lunaire) | 석가탄신일 | *sokka'tʰan'chinil* |
| fête des Parents (8 mai) | 어버이날 | *obo'inal* |
| jour commémoratif de l'indépendance de la Corée (15 août) | 광복절 | *kwangbôkʼtsol* |
| Chuseok (15 août lunaire) | 한가위 / 추석* | *han'ga'wi / tchousokʰ* |
| fête commémorative de la fondation de la Corée (3 octobre) | 개천절 | *kè'tchon'djol* |
| jour du Hangeul (9 octobre) | 한글날 | *han'keul'lal* |
| Noël (25 décembre) | 크리스마스 | *kʰeurisseumasseu* |

* sino-coréen

## ↗ **Appel à l'aide**

### Urgences

En cas d'urgence médicale, d'incendie ou de tout autre accident, appelez le 119.

*Au secours !*
사람 살려 !
saram sal'lyo
personne sauver

*Aidez-moi !*
도와 주세요 !
dôwa djouséyo
aider s'il-vous-plaît

*Au feu !*
불이야 !
bouriya
feu-être

*Je me suis égaré(e).*
길을 잃어버렸어요.
kireul iroboryossoyo
chemin perdre

*Je ne me sens pas très bien.*
몸이 안 좋아요.
momi an djôayo
corps pas être-bien

*Appelez un médecin, svp !*
의사를 불러 주세요.
eui'sareul boul'lo djouséyo
médecin appeler svp

*Appelez les urgences, svp !*
119를 불러 주세요.
il il goureul boul'lo djouséyo
119 appeler svp

| *ambulance* | 앰뷸런스 | èmpyoul'lansseu |
| *assurance santé* | 의료 보험 | eui'lyô bôhom |

### En cas de perte ou de vol

Si vous voulez déclarer une infraction, appelez le 112.

*Conduisez-moi au poste de police, svp.*
경찰서에 데려다 주세요.
kyong'tchalsso'é déryoda djouséyo
poste-de-police-à conduire svp

*J'ai perdu mon passeport.*
여권을 잃어버렸어요.
yokkwoneul iroboryossoyo
passeport perdre

*On m'a volé mon portefeuille.*
지갑을 도둑맞았어요.
tchigapeul dôdoung'madjassoyo
portefeuille se-faire-voler

| ambassade de France / de Belgique / de Suisse / du Canada | 프랑스 / 벨기에 / 스위스 / 캐나다 대사관 | pʰeu'rang'sseu / bélkié / seu'wisseu / kʰènada dèsa'kwan |
|---|---|---|
| appareil photo | 카메라* / 사진기 | kʰaméra / sa'tchinki |
| argent | 돈 | dôn |
| bague | 반지 | ban'tchi |
| billet d'avion | 비행기 표 | pihèng'ki pʰyô |
| carte de crédit / carte bancaire | 신용카드 / 카드 | chinyông'kʰadeu / kʰadeu |
| clé | 열쇠 | yol'sswé |
| ordinateur | 컴퓨터 | kʰompʰyoutʰo |
| parapluie | 우산 | ou'san |
| sac | 가방 | gabang |
| téléphone portable | 휴대 전화 / 핸드폰** | hyoudè djonhwa / hèndeupʰôn |

\* anglais coréanisé

\*\* même si, à l'oreille, cette forme ressemble à de l'anglais, ne vous fiez pas aux apparences ! Il s'agit en fait d'un faux anglicisme.

## Sur la route

L'aire de repos sur l'autoroute est un véritable centre commercial où vous pourrez trouver de nombreux services tels que des distributeurs de billets, l'accès à Internet, des pharmacies, des services de photocopie et de fax. Évidemment, vous aurez également la possibilité d'y trouver des spécialités régionales !

*Comment fait-on pour rejoindre l'autoroute ?*
고속도로에 어떻게 가요 ?
gôsôk'ttôrôé ottokʰé gayo
autoroute-à comment aller

*Où est le péage ?*
톨게이트가 어디예요 ?
tʰôlkéitʰeuga odiyéyo
péage où-être

*Il y a eu un accident de voiture.*
교통사고가 났어요.
kyôtʰông'sagôga nassoyo
accident-de-voiture arriver

*J'ai un pneu crevé.*
타이어가 펑크났어요.
tʰa'i'oga pʰongkʰeunassoyo
pneu être-crevé

| | | |
|---|---|---|
| aire de repos | 휴게소 | hyoukésô |
| diesel | 경유 | kyong'you |
| embouteillage | 교통 체증 | kyôtʰông tchédjeung |
| entrée | 입구 | iᵖ'kkou |
| essence | 휘발유 | hwibal'lyou |
| route nationale | 국도 | gouᵏ'ttô |
| sortie | 출구 | tchoulgou |
| station-service | 주유소 | djou'yousô |
| vitesse limitée | 제한 속도 | djéhan sôᵏ'ttô |

CONVERSATION

## ↗ **Panneaux**

금지 *[keum'tchi]* est un mot qui signifie *"interdiction"*. Soyez vigilants dès que vous l'apercevez !

| Baignade interdite | 수영 금지 | *sou'yong keum'tchi* |
|---|---|---|
| Danger | 위험 | *wihom* |
| Entrée / Sortie | 입구 / 출구 | *iᵖ'kkou / tchoulgou* |
| Homme / Femme | 남(성) / 여(성) | *nam(song) / yo(song)* |
| Interdiction d'approcher | 접근 금지 | *djoᵖ'kkeun keum'tchi* |
| Interdiction d'entrer | 출입 금지 | *tchouriᵖ keum'tchi* |
| Interdiction de fumer | 금연 | *keumyon* |
| Interdiction de se garer | 주차 금지 | *djou'tcha keum'tchi* |
| Interdiction de circuler | 통행 금지 | *tʰông'hèng keum'tchi* |
| Ne courez pas ! | 뛰지 마세요. | *ttwi'tchi maséyo* |
| Ne pas toucher ! | 만지지 마세요. | *man'tchi'tchi maséyo* |
| Ouvert / Fermé | 열림 / 닫힘 | *yol'lim / daʰ'tchim* |
| Roulez au pas | 과속 금지 | *kwasôᵏ keum'tchi* |
| Sortie de secours | 비상구 | *pisang'gou* |
| Toilettes | 화장실 | *hwa'djang'chil* |

## ↗ **Voyager**

### Côntrole des passeports et douane

Comme dans tous les pays, le personnel de la douane en Corée est très strict. Les agents utiliseront le style formel pour s'adresser à vous. Il vaut mieux leur répondre de façon courte et claire.

*Avez-vous rempli la déclaration de douane ?*
세관 신고서 작성하셨습니까 ?
*sékwan chin'gôso djaᵏ'ssong'ha'chyo'sseumnikka*
douane déclaration rédiger

*Avez-vous quelque chose à déclarer ?*
세관 신고할 물품이 있으십니까 ?
*sékwan chin'gôhal moulpʰoumi isseuchimnikka*
douane déclarer objets avoir

*D'où venez-vous ?\**
어디에서 오십니까 ?
*odiéso ôchimnikka*
où-de venir

\* voir liste des pays p. 62

*Passeport, s'il vous plaît !*
여권을 보여 주십시오.
*yokkwoneul bôyo djou'chiᵖ'chiyo*
passeport montrer svp

*Où allez-vous séjourner ?*
어디에서 머무르십니까 ?
*odiéso momoureuchimnikka*
où-dans rester

*Sortez votre ordinateur portable.*
컴퓨터를 꺼내 주십시오.
*kʰompʰyoutʰoreul kkonè djou'chiᵖ'chiyo*
ordinateur-portable sortir svp

*Ôtez votre ceinture et vos chaussures.*
벨트와 신발을 벗어 주십시오.
*béltʰeuwa chinbareul boso djou'chiᵖ'chiyo*
ceinture-et chaussures ôter svp

*Qu'y a-t-il dans votre sac ?*
가방 안을 보여 주시겠습니까 ?
*gabang' aneul bôyo djouchikésseumnikka*
sac dedans montrer svp

CONVERSATION

*Combien de temps allez-vous séjourner en Corée ?*
한국에 얼마나 머무르십니까 ?
*han'gouké olmana momoureuchimnikka*
Corée-en combien rester

| boutique hors taxes | 면세점 | *myonsédjom* |
|---|---|---|
| dédouanement / droit de douane | 통관 / 통관세 | *tʰông'kwan / tʰông'kwan'ssé* |
| douane / déclaration à la douane | 세관 / 세관 신고 | *sékwan / sékwan chin'gô* |
| facture | 영수증 | *yongsou'djeung* |

Vous devrez remplir une fiche d'entrée sur le territoire coréen, soit dans l'avion, soit une fois sur place, à l'aéroport. Les rubriques seront écrites en anglais et en coréen. Vous aurez ainsi l'occasion de vous jeter dans le bain, essayez de comprendre le coréen (l'ordre des rubriques du formulaire est respecté dans le tableau ci-dessous) :

| *nom de famille* | 성 | *song* |
|---|---|---|
| *prénom* | 이름 | *ireum* |
| *sexe : masculin / féminin* | 성별 : 남 / 여 | *song'pyol : nam / yo* |
| *nationalité* | 국적 | *gouᵏ'tsok* |
| *date de naissance* | 생년월일 | *sèng'nyonworil* |
| *n° de passeport* | 여권 번호 | *yo'kkwon bonhô* |
| *adresse résidentielle* | 거주국 주소 | *godjou'gouᵏ djousô* |
| *adresse en Corée* | 한국 주소 | *han'gouᵏ djousô* |
| *profession* | 직업 | *tchikoᵖ* |
| *raison du voyage* | 여행 목적 | *yohèng môᵏ'tsoᵏ* |
| *n° du vol* | 비행 번호 | *pihèng bonhô* |

| | | |
|---|---|---|
| porte | 게이트 번호 | ké'itʰeu bonhô |
| signature | 서명 | so'myong |

Il vous faudra expliquer la raison de votre visite :

| Je suis venu(e)… | | |
|---|---|---|
| pour étudier. | 공부하러… | gông'bouharo |
| pour rendre visite à ma famille. | 가족을 만나러… | ga'djokeul man'naro |
| pour le travail. | 일 때문에… | il ttèmouné |
| pour voyager. | 여행하러… | yohèng'haro |
| | …왔어요. | wassoyo |

Une fois arrivé(e), par curiosité, les Coréens vous demanderont la raison pour laquelle vous êtes venu(e) en Corée :

*Pourquoi êtes-vous venu(e) en Corée ?*
왜 한국에 오셨어요 ?
*wé han'gouké ôchyossoyo*
pourquoi Corée-en venir

*Parce que j'aime le drama coréen.*
한국 드라마를 좋아해서요.
*han'gouᵏ deuramareul djôahèsoyo*
Corée drama aimer-parce-que

*Parce que ma copine / mon copain est coréen(ne).*
여자 친구가 / 남자 친구가 한국 사람이라서요.
*yo'dja tchin'gouga / namdja tchʰin'gouga han'gouᵏ ssaramirasoyo*
ma copine / mon copain Corée personne-être-parce-que

CONVERSATION

| J'aime beaucoup… | | |
|---|---|---|
| la cuisine coréenne. | 한국 음식 | han'gou$^k$ eumchi$^k$ |
| la culture coréenne. | 한국 문화 | han'goung mounh$^h$wa |
| le hapkido.* | 합기도 | ha$^p$'kkidô |
| la K-pop. | 케이팝 | k$^h$é'ip$^h$ap |
| la langue coréenne. | 한국어 | han'gouko |
| le taekwondo.* | 태권도 | t$^h$é'kkwondô |
| | …을 / 를 정말 좋아해요. | eul / leul djongmal djôahèyo |

* arts martiaux, combat physique et psychologique

## Change

La monnaie coréenne s'appelle le 원 *[won]*, ₩. Il n'y a pas de montant minimum pour payer par carte mais il vaut mieux préparer un peu de liquide. Vous pourrez changer de l'argent à la banque de l'aéroport et partout en ville ou dans les bureaux de change, en vous munissant d'une pièce d'identité si le montant est élevé.

*Où sont les bureaux de change ?*
환전소가 어디에 있어요 ?
*hwan'djonsôga odié issoyo*
bureaux-de-change où-à se-trouver

*Je voudrais échanger des euros contre des wons.*
유로를 원화로 환전해 주세요.
*youroreul wonhwarô hwan'djonhè djouséyo*
euro won-en échanger svp

*À combien s'élèvent les frais ?*
수수료가 얼마예요 ?
*sousouryôga olmayéyo*
frais combien-être

*Présentez votre carte d'identité, svp.*
신분증 좀 보여 주세요.
*chinboun'tseung djôm bôyo djouséyo*
carte-d'identité svp montrer svp

| banque | 은행 | eunhèng |
|---|---|---|
| change | 환전 | hwan'djon |
| dollar canadien | 캐나다 달러 | kʰènada dal'lo |
| euro | 유로 | yourô |
| franc suisse | 스위스 프랑 | seuwisseu pʰeurang |
| won | 원 | won |

Vous vous sentirez riche au moment de l'échange car 1 euro équivaut à un billet de 1 000 won et un peu de monnaie. Intéressons-nous un peu aux billets et à la monnaie coréenne :

*Changez en billet de 10 000 wons, svp.*
만원권 지폐로 주세요.
*manwon'kkwon tchipʰyérô djouséyo*
10 000 won billet-en donner

| billet | 지폐 | tchi'pʰé |
|---|---|---|
| monnaie | 동전 | dông'djon |
| 100 wons / 500 wons | 백원 / 오백원 | bèkwon / ôbèkwon |
| 1 000 wons / 5 000 wons | 천원 / 오천원 | tchonwon / ô'tchonwon |
| 10 000 wons / 50 000 wons | 만원 / 오만원 | manwon / ômanwon |

CONVERSATION

# En avion

L'aéroport international d'Incheon est reconnu pour le nombre de services proposés, sa propreté et l'efficacité du personnel.

*On va décoller/atterrir dans 30 minutes.*
30 분 후에 이륙하겠습니다 / 착륙하겠습니다.
*samchip'ppoun houé iryoukʰa'késseumnida / tchang'nyou'kʰa'késseumnida*
30 minutes après-à décoller/atterir

*Embarquement immédiat, porte n°8.*
8 번 게이트로 즉시 탑승하시기 바랍니다.
*pʰalbon kéitʰeurô djeukʼchi tʰaᵖ'sseung'hachiki baramnida*
8 numéro porte-par immédiat monter svp

| avion | 비행기 | pihèng'ki |
|---|---|---|
| bagage / bagage à main | 위탁 수하물 / 기내 수하물 | witʰaᵏ souhamoul / kinè souhamoul |
| bagage perdu | 수하물 분실 | souhamoul bounchil |
| carte d'embarquement | 탑승권 | tʰaᵖ'sseung'kkwon |
| compagnie aérienne | 항공사 | hang'gông'sa |
| enregistrement | 탑승 수속 | tʰaᵖ'sseung sousôᵏ |
| hôtesse de l'air / steward | 승무원 | seung'mou'won |
| numéro de place | 좌석번호 | djwasoᵏ bonhô |
| pilote | 조종사 | djôdjôngsa |
| repas à bord | 기내식 | kinèchiᵏ |
| vol domestique | 국내선 | goung'nèson |
| vol international | 국제선 | gouᵏ'tséson |

*À quelle heure y a-t-il des vols pour l'île de Jeju ?*
제주도행 비행기가 몇 시에 있어요 ?
djédjoudôhèng pihèng'kiga myo' chié issoyo
île-de-Jeju-direction avion quelle heure-à exister

*À quelle heure part-on / arrive-t-on ?*
몇 시에 출발해요 / 도착해요 ?
myo' chié tchoulbalhèyo / dô'tchak$^h$èyo
quelle heure-à partir/arriver

*Donnez-moi une place côté couloir, svp.*
복도쪽 좌석으로 주세요.
bôk'ttô'tsô$^k$ djwasokeurô djouséyo
couloir-côté place-par donner

| côté hublot | 창가 | tchang'kka |
| (à) l'avant | 앞쪽 | a$^p$'tsô$^k$ |
| (à) l'arrière | 뒤쪽 | dwi'tsô$^k$ |
| (au) milieu | 가운데 | ga'oundé |

## En autocar et en train

Il existe deux catégories d'autocars express pour se déplacer de ville en ville : la version "normale" et la version "luxe". La seule différence réside dans le confort. Quand il s'agit d'un trajet long, les autocars s'arrêtent environ toutes les deux heures aux aires de repos sur l'autoroute. Vous pourrez acheter des petites choses à grignoter et des spécialités de la région. Renseignez-vous sur le site Internet de la compagnie d'autocars express : www.kobus.co.kr. Vous pourrez aussi y réserver vos billets en ligne.

CONVERSATION

*J'aimerais un aller simple, svp.*
편도 1 장 주세요.
pʰyondô han djang djouséyo
aller 1 unité donner

| | | |
|---|---|---|
| *aller-retour* | 왕복 | *wang'bôᵏ* |
| *autocar express* | 고속버스 | *gôsôᵏ'bboseu* |
| *autocar de nuit* | 야간 / 심야 버스 | *yagan / chimya boseu* |
| *complet* | 매진 | *mè'tchin* |
| *échange* | 교환 | *kyô'hwan* |
| *horaires* | 시간표 | *chi'ganpʰyô* |
| *place libre* | 잔여 좌석 | *djanyo djwasoᵏ* |
| *plein tarif* | 일반요금 | *ilban yôkeum* |
| *réduction* | 할인 | *harin* |
| *remboursement* | 환불 | *hwanboul* |
| *réservation* | 예약 / 예매\* | *yéyaᵏ / yémè* |
| *tarif enfant* | 아동요금 | *adông yôkeum* |
| *ticket d'autobus* | 승차권 | *seung'tcha'kkwon* |

\* Ce terme indique que la réservation a non seulement été faite, mais qu'elle a également été déjà réglée.

Le train est un moyen de transport très rapide pour traverser la Corée. Il ne vous faudra que 2 heures en KTX, le train rapide coréen, pour réjoindre Busan de Séoul. De plus, ce trajet vous permettra de faire plaisir à vos papilles ! Comment ? Eh bien, dans le train, il est possible de commander à manger et plus particulièrement des spécialités régionales. Vous pouvez également réserver une place pour une séance dans un "wagon-cinéma". Renseignez-vous sur le site Internet de Korail (la compagnie nationale de chemins de fer de la Corée du sud) : www.korail.com.

Si vous êtes fan de drama coréen, vous avez sûrement remarqué que les voyageurs en train mangent des œufs durs ou des saucisses avec du soda. Le voyage en train se transforme alors en un vrai pique-nique !

| contrôleur | 검표원 | gomp$^h$yôwon |
|---|---|---|
| place debout / place assise | 입석 / 좌석 | ip'sso$^k$ / djwaso$^k$ |
| produits régionaux | 특산물 | t$^h$eu$^{k'}$ssanmoul |
| voiture 3 place 11 | 3호차 11석 | sam hô'tcha chip il so$^k$ |
| voyage en train | 기차 여행 | ki'tcha'yohèng |
| voyageur sans ticket | 무임승차 | mou'im'seung'tcha |

## En bateau

Le bateau est un moyen peu utilisé, même pour aller sur l'île de Jeju : on préfèrera prendre l'avion. Voici cependant quelques termes qui pourraient vous être utiles :

| bateau | 배 | bè |
|---|---|---|
| bateau mouche | 유람선 | youramson |
| mer | 바다 | bada |
| phare | 등대 | deung'dè |
| port | 항구 | hang'gou |

## En taxi

Si le signal lumineux sur le toit d'un taxi est allumé et indique 빈 차 *[pin'tcha]*, *voiture libre*, cela signifie que le taxi est libre. Hélez pour signaler au conducteur que vous voulez monter à bord. Il y a deux catégories de taxis : 일반 택시 *[ilban t$^{h}$è$^{k'}$chi]*, *taxi normal* ; 모범택시 *[môbom t$^{h}$è$^{k'}$chi]*, *taxi de luxe*. La différence réside dans l'expérience du conducteur et le confort du véhicule.

*Conduisez-moi à l'aéroport, svp.*
공항으로 가 주세요.
gông'hang'eurô ga djouséyo
aéroport-par aller svp

*C'est loin d'ici ?*
여기에서 멀어요 ?
yokiéso moroyo
ici-de être-loin

*Arrêtez-moi là-bas.*
저쪽에 세워 주세요.
djo'tsôké séwo djouséyo
là-bas-à arrêter svp

*Puis-je payer par carte ?*
카드로 계산되요 ?
kʰadeurô kyésandwéyo
carte-par payer

| conducteur de taxi | 택시 기사 | tèkʰchi ki'sa |
| reçu | 영수증 | yongsoudjeung |
| supplément | 할증료 | hal'tseung'nyô |
| tarif | 요금 | yôkeum |

Savez-vous qu'en Corée, il existe un système de *conducteur remplaçant*, 대리 운전 *[dèri oundjon]*, qui se rend chez vous avec sa propre voiture et vous emmène vers votre destination en conduisant votre voiture ? C'est un service très pratique pendant la période des fêtes. On profite ainsi de la fête, on rentre avec sa propre voiture et on évite les accidents !

*Appelez un chauffeur remplaçant, svp.*
대리 운전 좀 불러 주세요.
dèri oundjon djôm boul'lo djouséyo
remplaçant conducteur svp appeler svp

*Venez me chercher devant la mairie, svp.*
시청 앞으로 와 주세요.
chi'tchong apʰeurô wa djouséyo
mairie devant-par venir svp

# Les deux-roues

Les rues des villes coréennes ne sont pas équipées pour le vélo comme en Europe. En Corée, faire du vélo est plus un divertissement qu'un moyen de transport, qui se pratique dans certains lieux touristiques où vous pourrez alors louer des bicyclettes.

*Avez-vous un vélo pour enfant ?*
어린이용 자전거 있어요 ?
*oriniyông djadjon'go issoyo*
enfant-pour vélo avoir

*Combien coûte 1 h de location ?*
한 시간에 얼마예요 ?
*han chigané olmayéyo*
une heure-à combien-être

| caution | 보증금 | *bôdjeung'keum* |
| frais supplémentaires | 추가요금 | *tchou'ga yôkeum* |
| location de vélo | 자전거 대여 | *djadjon'go dèyo* |
| tandem* | 2 인용 자전거 | *i in'yông djadjon'go* |
| tarif de location | 대여 요금 | *dèyo yôkeum* |
| vélo | 자전거 | *djadjon'go* |

\* la traduction littérale pour tandem est "vélo à deux personnes"

En Corée, vous verrez des 오토바이 *[ôtʰôba'i]*, *motos*, utilisées, non pas comme moyen de déplacement, mais plutôt comme moyen de livraison : envoi de colis express, livraison de plats, etc.

## Louer une voiture

Si vous souhaitez louer une voiture, vous pouvez la réserver soit sur Internet, soit par téléphone. Il faut obligatoirement se munir du permis international et d'une pièce d'identité pour conduire en Corée.

*Je voudrais louer une voiture.*
차를 빌리고 싶은데요.
*tcha'reul pil'ligô chip$^h$eundéyo*
voiture louer aimerais

| *acompte* | 예약금 | *yéya$^{k'}$kkeum* |
|---|---|---|
| *conditions de location* | 대여 자격 | *dèyo djakyo$^k$* |
| *date de réservation* | 대여 일시 | *dèyo ilchi* |
| *date de retour* | 반납 일시 | *ban'na$^p$ ilchi* |
| *location de voiture* | 렌트카\* | *lént$^h$euk$^h$a* |
| *permis de conduire* | 운전 면허증 | *oun'djon myonho'tseung* |
| *permis international* | 국제 운전 면허증 | *gou$^{k'}$tsé oun'djon myonho'tseung* |

\* anglais coréanisé

## Circuler en voiture

La plupart des stations-service ne sont pas accessibles en libre service. Quand vous arrivez à une station, il faut que vous communiquiez le montant ou la quantité d'essence que vous voulez au pompiste. Une fois le plein d'essence effectué, la station vous proposera la plupart du temps des mouchoirs, le lavage du pare-brise ou d'autres services selon le montant dépensé. Ne les refusez pas… c'est entièrement gratuit !

*Le plein, svp.*
가득 채워 주세요.
*gadeuᵏ tchèwo djouséyo*
plein remplir svp

*Il me faut 20 litres, svp.*
20 리터 넣어 주세요.
*ichim litʰo no'o djouséyo*
20 litres mettre svp

| centre de lavage auto | 세차장 | sé'tcha'djang |
| diesel | 경유 | kyong'you |
| essence | 휘발유 | hwibal'lyou |
| station-service | 주유소 | djouyou'sô |

| carrefour | 사거리 | sagori |
| ceinture de sécurité | 안전벨트 | andjonbèltʰeu |
| feu tricolore | 신호등 | chin'hôdeung |
| parking | 주차장 | djou'tcha'djang |
| passage piéton | 횡단보도 | hwéng'danbôdô |
| phare | 전조등 / 헤드라이트* | djondjôdeung / hédeuraitʰeu |
| sens unique | 일방통행 | ilbang'tʰông'hèng |
| stationnement interdit | 주차금지 | djou'tcha'keum'tchi |
| virage à gauche | 좌회전 | djwa'hwé'djon |
| virage à droite | 우회전 | ou'hwé'djon |

\* anglais coréanisé

Pendant la période des fêtes de fin d'année, les contôles du taux d'alcoolémie au volant sont plus fréquents, soyez prudents !

*Présentez votre permis de conduire, svp.*
면허증 좀 보여 주십시오.
*myon'ho'tseung djôm bôyo djouchiᵖ'chio*
permis-de-conduire svp montrer svp

CONVERSATION

| amende | 과태료 / 벌금 | kwatʰèryô / bolkeum |
| contrôle d'alcool au volant | 음주단속 | eumdjoudansôᵏ |
| suspension de permis | 면허 정지 | myonho djong'tchi |
| taux d'alcool dans le sang | 혈중 알콜 농도 | hyol'tsoung alkʰôl nong'dô |

## Mots utiles

Si vous subissez un contrôle au volant, ou que vous êtes perdu(e), ces quelques phrases vous aideront à sortir de l'impasse :

*Je n'ai pas compris.*
무슨 말인지 모르겠어요.
*mou'seun marin'tchi môreukéssoyo*
quelle parole-si ne-pas-comprendre

*Pourriez-vous appeler quelqu'un qui parle français ?*
프랑스어 하는 사람을 불러 주세요.
*pʰeurang'sseu'o haneun sarameul boul'lo djouséyo*
le-français parler personne appeler svp

*Pourriez-vous parler en anglais ?*
영어로 말씀해 주시겠어요 ?
*yong'orô malsseumhè djouchikéssoyo*
anglais-en parler svp

| interprète | 통역사 | tʰông'yoᵏ'ssa |
| traducteur | 번역가 | bonyoᵏ'kka |

## ↗ **En ville**

### Pour trouver son chemin

Si vous n'arrivez pas à trouver votre destination, essayez de demander aux passants. Prononcez doucement la phrase et n'hésitez à demander aux gens de répéter si vous n'avez pas bien compris l'indication.

*S'il vous plaît ! Pourriez-vous m'indiquer le chemin ?*
실례지만 길 좀 여줘 볼게요.
*chil'lé'tchiman kil djôm yo'tswo bôlkkéyo*
impolitesse-mais chemin svp demander permettre

*Comment puis-je aller à Insa-dong ?*   *C'est loin d'ici ?*
인사동에 어떻게 가요 ?              여기서 멀어요 ?
*insadông'é ottokʰé gayo*              *yokiso moroyo*
Insa-dong-à comment aller              ici-de être-loin

*Combien de temps faut-il pour aller jusqu'à Insa-dong ?*
인사동까지 얼마나 걸려요 ?
*insadôngkka'tchi olmana gol'lyoyo*
Insa-dong-jusqu'à combien prendre(le temps)

*Je peux y aller à pied ? ... en bus ? ... en métro ?*
걸어서 / 버스로 / 지하철로 갈 수 있어요 ?
*goroso / bo'seurô / tchiha'tchol'lô gal sou issoyo*
à-pied / bus-en / métro-en aller pouvoir

Les gens vous répondront...

*Allez tout droit, jusque là.*
저기까지 똑바로 가세요.
*djokikka'tchi ttô$^k$pparô gaséyo*
là-bas-jusqu'à tout-droit aller

*Traversez le passage piéton.*
횡단보도를 건너세요.
*hwéng'danbôdôreul gon'noséyo*
passage-piéton traverser

*Tournez à gauche.*
왼쪽으로 도세요.
*wén'tsôkeurô dôséyo*
côté-gauche-par tourner

*C'est devant la passerelle.*
육교 앞에 있어요.
*you$^k$'kkyô ap$^h$é issoyo*
passerelle devant-à se-trouver

| *(à) côté* | 옆 | *yo$^p$* |
|---|---|---|
| *(à) gauche / (à) droite* | 왼쪽 / 오른쪽 | *wentsô$^k$ / ôreun'tsô$^k$* |
| *derrière* | 뒤 | *dwi* |
| *en face / devant* | 앞 | *a$^p$* |
| *rue* | 길 | *kil* |

## Métro et bus

Le métro est un moyen de transport pratique et rapide en ville. Dans les stations de métro, vous pourrez faire du shopping. Les commerces du métro sont tellement nombreux et variés que vous pouvez pratiquement tout y acheter : nourriture, livres, produits de pharmacie, cosmétiques et vêtements. De plus, chaque station est équipée de nombreuses toilettes gratuites.

| *arrêt de bus* | 버스 정류장 | *boseu djong'nyou'djang* |
|---|---|---|
| *bus* | 버스 | *boseu* |
| *centre commercial souterrain* | 지하상가 | *tchi'hasang'ga* |

| | | |
|---|---|---|
| métro | 지하철 | tchiha'tchol |
| station de métro | 지하철역 | tchiha'tchol'lyo$^k$ |
| toilettes | 화장실 | hwa'djang'chil |

Pour pouvoir utiliser les transports en commun, il vous faudra une carte de transport que vous pourrez vous procurer dans la station ou dans les commerces marqués comme point de vente. Il y a deux sortes de cartes : la carte rechargeable et la carte à usage unique. Il faut charger la première du montant que vous voulez. N'oubliez pas de la valider <u>en entrant</u> et <u>en sortant</u> du métro ou du bus. Le supplément est débité automatiquement selon la distance de votre trajet. Si vous ne la validez pas en sortant, vous aurez un petit souci lors de votre prochaine entrée...

| | | |
|---|---|---|
| carte de transport | 교통 카드 | kyôt$^h$ông k$^h$adeu |
| montant | 금액 | keumè$^k$ |
| rechargement de carte | 충전 | tchoung'djon |

Et si vous aviez besoin de demander quelque chose à un autre usager, sur le chemin :

*Où est la station de métro la plus poche ?*
가장 가까운 지하철역이 어디에 있어요 ?
*ga'djang gakka'oun tchiha'tchoryoki odié issoyo*
la-plus être-proche station-de-métro où-à se-trouver

*Où est-ce qu'on prend le bus 100 ?*
100 번 버스를 어디에서 타요 ?
*bèk bon boseureul odiéso t$^h$ayo*
100 numéro bus où-dans prendre

CONVERSATION

*Changez à Myeong-dong.*
명동에서 갈아타세요.
*myong'dông'éso garat{::}ʰaséyo*
Myeong-dong-dans changer

*Descendez à la prochaine station.*
다음 역에서 내리세요
*da'eum yokéso nèriséyo*
prochain station-dans descendre

*Prenez la sortie 7.*
7 번 출구로 나가세요.
*tchil bon tchoulgourô nagaséyo*
7 numéro sortie-par sortir

| correspondance | 갈아타는 곳 | *garat{::}ʰaneun gôt* |
|---|---|---|
| plan de métro | 지하철 노선도 | *tchiha'tchol nôsondô* |
| sortie | 나가는 곳 | *naganeun gôt* |

## Visite d'expositions, musées, sites

Visiter des musées, des expositions et des sites historiques est la meilleure façon de découvrir la culture coréenne traditionnelle.

*Puis-je prendre la brochure ?*
안내책자를 가져도 될까요 ?
*an'nè'tchèᵏ'tsareul ga'tchyodô dwél'kkayo*
brochure prendre pouvoir

| art | 예술 | *yésoul* |
|---|---|---|
| artisanat d'art | 공예 | *gông'yé* |

| calligraphie | 서예 | soyé |
| --- | --- | --- |
| musée | 박물관 | bangmoulgwan |
| pagode | 탑 | tʰaᵖ |
| sculpture | 조각 | djô'gaᵏ |
| temple bouddhiste | 절 | djol |

## Autres curiosités

Si vous voulez visiter un site pittoresque, allez au 남대문 시장 [namdèmoun chidjang], *marché de Namdaemun*. C'est un site dynamique et populaire, où vous pourrez négocier, demander des ristournes ou plus de marchandises pour le même prix...

*Faites-moi un prix, svp.*
좀 깎아 주세요.
*djôm kkakka djouséyo*
svp baisser-le-prix svp

*Vous m'en mettez un peu plus pour le même prix ?* \*
서비스로 더 주시면 안 돼요 ?
*sopiseurô do djouchimyon an dwéyo*
offre-gratuit-comme plus donner-si interdire

\*locution employée pour demander plus de marchandises pour le même prix, littéralement "Puis-je avoir des offres gratuites ?"

## À la poste

Pour préciser le type d'envoi que vous souhaitez effectuer, il faut utiliser la particule 으로 *[eurô]* / 로 *[rô]*, *par* ou *en*, après le mot.

CONVERSATION

*Je voudrais envoyer une carte postale en Europe.*
유럽에 엽서를 보내고 싶은데요.
*youropé yo$^p$'ssoreul bônègô chip$^h$eundéyo*
Europe-à carte-postale envoyer aimerais

*Je voudrais que ça parte en express.*
빠른우편으로 보내 주세요.
*ppareun oup$^h$yoneurô bônè djouséyo*
rapide envoi-par envoyer svp

*Cinq timbres, s'il vous plaît.*
우표 5 장 주세요.
*oup$^h$yô daso$^l$ tsang djouséyo*
timbre 5 unité donner

| boîte aux lettres | 우체통 | ou'tchét$^h$ông |
|---|---|---|
| colis | 소포 | sôp$^h$ô |
| envoi "normal" | 보통 우편 | bôt$^h$ông oup$^h$yon |
| express international | EMS | i'émésseu |
| livraison à domicile | 택배 | tè$^k$'ppè |
| par avion | 항공편으로 | hang'gông'p$^h$yoneurô |
| par bateau | 배편으로 | bèp$^h$yoneurô |
| la poste | 우체국 | ou'tchégou$^k$ |

## Au téléphone

En Corée, prendre congé au téléphone fait l'objet d'un protocole particulier : soit on allonge la réponse 네 *[né]*, oui, soit on dit

들어가세요 *[deurogaséyo]*, littéralement "rentrez bien" (expression soutenue).

*Allô !*
여보세요.
*yobôséyo*

*Est-ce que Yumi est là ?*
유미 씨 있어요 ?
*youmi chi issoyo*

*Est-ce que je suis bien chez madame Kim Yumi?*
김유미 씨 댁인가요 ?
*kimyoumi chi dèkin'gayo*
Kim-Yu-mi madame/monsieur chez être

*Je voudrais parler avec Yumi, s'il vous plaît.*
실례지만, 유미 씨 좀 바꿔 주세요.
*chil'lé'tchiman youmi chi djôm ba'kkwo djouséyo*
impolitesse-mais, Yumi madame/monsieur svp passer svp

*Est-ce que je peux avoir les coordonnées de Jérôme ?*
제롬 씨 연락처 좀 알 수 있을까요 ?
*djérôm chi yol'la$^k$'tcho djôm al sou isseulkkayo*
Jérôme madame/monsieur coordonnées svp connaître pouvoir

*Au revoir.*
아, 예. 들어가세요. (soutenu)
*a, yé. deurogaséyo*

*Au revoir.*
네.
*né (allongé)*

| numéro de téléphone | 전화번호 | *djonhwabonhô* |
| SMS | 문자메시지 | *moun'tsaméchitchi* |
| téléphone | 전화 | *djonhwa* |

CONVERSATION

Si vous voulez utiliser votre portable, vous pouvez changer de carte SIM et en acheter une sur place :

*Je voudrais acheter une carte SIM.*
심카드를 사려고 하는데요.
chimkʰadeu'reul saryogô haneundéyo
SIM-carte acheter pour

*Veuillez présenter votre carte d'identité, svp.*
신분증을 보여 주세요.
chinboun'tseung'eul bôyo djouséyo
carte-d'identité montrer svp

## Internet et informatique

En Corée, la connexion wi-fi est partout et elle est très rapide. Voici quelques phrases pour demander à l'utiliser :

*Est-ce qu'il y a le wi-fi ?*
무선인터넷이 되나요 ?
mousoninthoné'chi dwénayo
wi-fi être-possible

*C'est quoi le mot de passe ?*
비밀 번호가 뭐예요 ?
pimil bonhôga mwo'yéyo
secret numéro quoi-être

| clavier | 자판기 | djapʰanki |
|---|---|---|
| clé USB | USB 메모리 | youésseupi mémôri |
| connexion | 접속 | djoᵖ'ssôᵏ |
| cybercafé | PC방 | pʰichibang |
| e-mail | 이메일 | iméil |
| écran | 모니터 | mônitʰo |
| identifiant | 아이디 | a'iti |
| Internet | 인터넷 | intʰonét |

| ordinateur | 컴퓨터 | kʰompʰyoutʰo |
|---|---|---|
| site | 싸이트* / 누리집 | ssa'itʰeu / nouri'tchiᵖ |
| souris | 마우스 | ma'ousseu |
| téléchargement | 다운로드 | da'oun'rôdeu |
| wi-fi | 무선 인터넷 / 와이파이* | mouson intʰonét / wa'ipʰa'i |

\* anglais coréanisé

## L'administration

L'appellation de tout document officiel se termine souvent par -증 *[djeung]*, qui signifie "certificat".

| ambassade | 대사관 | dèsakwan |
|---|---|---|
| consulat | 영사관 | yongsakwan |
| passeport | 여권 | yo'kkwon |
| pièce d'identité | 신분증 | chinboun'tseung |
| séjour | 체류 | tchéryou |
| titre de séjour | 외국인 등록증 | wégoukin deungnôᵏ'tseung |
| visa | 비자 | pi'dja |

## À la banque

On exprime les principales actions bancaires ainsi : 돈을 찾다 *[dôneul tchaᵗ'tta]*, *retirer de l'argent* ; 돈을 부치다 *[dôneul bou'tchida]*, *envoyer de l'argent*. Ces verbes s'utilisent de cette façon :

*Je voudrais retirer de l'argent / ouvrir un compte bancaire.*
돈을 찾고 /은행 계좌를 열고 싶은데요.
*dôneul tchaᵗ'kkô / eunhèng kédjwareul yolgô chipʰeundéyo*
l'argent retirer / banque compte ouvrir voudrais

CONVERSATION

*Comment utilise-t-on le distributeur ?*
현금인출기를 어떻게 사용하나요 ?
*hyon'keumintchoulkireul ottok^hé sa'yonghanayo*
distributeur comment utiliser

| banque | 은행 | *eunhèng* |
|---|---|---|
| change de devises étrangères | 환전 | *hwan'djon* |
| distributeur de billets | 현금인출기 / ATM* | *hyon'keumintchoulki / é'it^hi'ém* |
| encaissement | 입금 | *i^p'kkeum* |
| espèces | 현금 | *hyon'keum* |
| retrait | 출금 | *tchoul'keum* |

\* abréviation – de l'anglais américain *Atomated Teller Machine*

## Sorties au cinéma, au théâtre, à un concert…

Les films étrangers sont sous-titrés en Corée. Si vous souhaitez demander son avis à quelqu'un après la séance, utilisez le verbe 어떻다 *[ottot^ha]*, *être comment* :

*Comment était le film ?*
영화가 어땠어요 ?
*yonghwaga ottèssoyo*
film être-comment

*C'était touchant.*
감동적이었어요.
*gamdông'djoki'ossoyo*
touchant-être

*Quel film me conseilleriez-vous en ce moment ?*
요즘 무슨 영화가 재미있어요 ?
*yô'djeum mou'seun yonhwaga djèmi'issoyo*
en-ce-moment quel film être-intéressant

*Est-il sous-titré en anglais ?*
영어 자막이 있어요 ?
*yong'o djamaki issoyo*
anglais sous-titre exister

*Le film commence à quelle heure ?*
몇 시 영화예요 ?
*myo<sup>t</sup> chi yonghwa'yéyo*
quelle heure film-être

| film coréen | 한국 영화 | han'goung yonghwa |
| film étranger | 외국 영화 | wégoung yonghwa |
| salle de cinéma | 영화관 | yonghwa'kwan |

Proposez d'aller voir un concert ou une pièce de théâtre en utilisant la forme -으실래요 *[euchil'lèyo]* (après le radical qui se termine par une consonne) / -실래요 ? *[chil'lèyo]* (après le radical qui se termine par une voyelle) :

*Ça vous dit d'aller voir un concert ?*
콘서트 보러 가실래요 ?
*k$^h$ônsot$^h$eu bôro ga'chil'lèyo*
concert voir-pour aller

| danse | 춤 / 댄스 | tchoum / dènsseu |
| opéra | 오페라 | op$^h$éra |
| spectacle | 공연 | gông'yon |
| théâtre | 연극 | yon'geu$^k$ |

CONVERSATION

# Chez le coiffeur

Le salon de coiffure en Corée est un véritable salon de thé. On s'y rend sans avoir pris de rendez-vous, on y sert le thé ou toute autre boisson, des magazines vous seront proposés et parfois même, un kit de manucure est mis à disposition pour faire passer le temps en attendant votre tour ! La communication prend une place très importante chez le coiffeur. En cas de difficulté de compréhension, et pour ne pas vous retrouver avec une coiffure à l'opposé de ce que vous souhaitiez, n'hésitez pas à montrer la photo de la coiffure que vous voulez en disant :

*On les coiffe comment ?*
어떻게 해 드릴까요 ?
*ottokʰé hè deurilkkayo*
comment faire svp

*Je voudrais cette coiffure.*
이 스타일로 해 주세요.
*i seutʰa'il'lô hè djouséyo*
cette style-par faire svp

*Comme ça !*
이렇게요.
*irokʰéyo*

*Je voudrais faire une coupe.*
커트해 주세요.
*kʰotʰeuhè djouséyo*
couper svp

| brushing | 드라이 | deura'i |
| --- | --- | --- |
| cheveux | 머리 / 머리카락 | mori / morikʰaraᵏ |
| cheveux frisés | 곱슬머리 | gôpˀsseulmori |
| cheveux raides | 생머리 | sèngmori |
| cheveux longs / courts | 긴 / 짧은 머리 | kin / tsalbeun mori |
| coiffeur | 미용사 / 헤어 디자이너* | miyôngsa / hé'o tidja'ino |
| coloration | 염색 | yomsèᵏ |
| couleur sombre / claire | 어두운 / 밝은 색 | odou'oun / balkeun sèᵏ |
| coupe au carré | 단발머리 | danbalmori |
| lissage permanent | 매직 | mè'tchiᵏ |

| | | |
|---|---|---|
| *permanente* | 웨이브 파마 | *wé'ibeu pʰama* |
| *salon de coiffure* | 미용실 / 헤어숍\* | *miyŏng'chil / héochyŏᵖ* |

\* faux anglicisme

# ↗ À la campagne, à la plage, à la montagne
## Sports de loisir

On emploie les trois verbes suivants pour dire que l'on pratique un sport : 하다 [*hada*], *faire*, pour la plupart des activités ; 치다 [*tchida*], *frapper*, pour les sports où l'on emploie un équipement tenu à la main, comme le tennis et le badminton (le baseball, exceptionnellement, s'accompagne du verbe "faire") ; 타다 [*tʰada*], *monter*, pour les sports où l'on s'équipe au niveau des pieds, comme pour le ski, le patin à glace, le roller, etc.

Le 씨름 [*chireum*], *Ssireum*, est un sport traditionnel coréen, ressemblant à la lutte, qui se pratique pendant la fête nationale. Les Coréens pratiquent beaucoup la *randonnée à la montagne / alpinisme*, 등산 [*deungsan*], le week-end.

| *On va…* | | |
|---|---|---|
| *faire du taekwondo ?* | 태권도 하러… | *tè'kkwondô haro* |
| *faire du ski ?* | 스키 타러… | *seukʰi tʰaro* |
| *jouer au tennis ?* | 테니스 치러… | *tʰénisseu tchiro* |
| | …갈까요 ? | *galkkayo* |

| *sport* | 스포츠\* / 운동 | *seu'pʰô'tcheu / oundông* |
|---|---|---|

| *badminton* | 배드민턴 | *bèdeumintʰon* |
|---|---|---|
| *baseball* | 야구 | *ya'gou* |

\* anglais coréanisé

CONVERSATION

| basket-ball | 농구 | nông'gou |
| football | 축구 | tchouᵏ'kkou |
| hapkido** | 합기도 | haᵖ'kkidô |
| jogging | 조깅 | djôking |
| patin à glace | 스케이트 | seukʰé'itʰeu |
| roller | 롤러 스케이트 | lôl'lo seukʰé'itʰeu |
| Ssireum*** | 씨름 | chireum |

** art martial coréen
*** sport traditionnel coréen

## À la piscine, à la plage

Si vous allez à la piscine publique, munissez-vous d'un *bonnet de bain*, 수영모 [sou'yongmô], et de *lunettes de plongée*, 수경 [sou'kyong]. Pendant les vacances d'été, les plages sont saturées, les parasols accueillants, les vacanciers se multiplient ! Profitez de la plage magnifique vers Busan !

*L'eau est profonde / peu profonde ?*
수심이 깊어요 / 얕아요 ?
*souchimi kipʰoyo / yatʰayo*
profondeur-eau être-profond / être-peu-profond

| baignade interdite | 수영금지 | souyongkeum'tchi |
| bouée | 튜브 | tʰyoubeu |
| cabine de douche | 샤워실 | chya'wochil |
| gilet de sauvetage | 구명조끼 | goumyong'djôkki |
| lunettes de soleil | 선글라스 | sonkeul'lasseu |
| maillot de bain | 수영복 | sou'yongbôᵏ |
| mer | 바다 | bada |
| plage | 해수욕장 | hèsou'yôᵏ'tsang |

| plongeon | 다이빙 | da'iping |
| --- | --- | --- |
| rivière | 강 | gang |
| vestiaires | 탈의실 | tʰarichil |

## Camper et camping

Le camping devient à la mode en Corée et se pratique plutôt en tente qu'en camping-car. Cependant, vous pourrez louer un camping-car sans problème si vous le souhaitez. On trouve souvent, à côté des terrains de camping, un jardin botanique, pour profiter au maximum de la nature !

*Où se trouve le camping le plus proche ?*
가까운 캠핑장이 어디에 있어요 ?
*gakka'oun kʰèmpʰing'djang'i odié issoyo*
proche camping où-à se-trouver

| 2 jours / 1 nuit | 1박 2일 | il baᵏ i il |
| --- | --- | --- |
| basse saison | 비수기 | pisouki |
| haute saison | 성수기 | songsouki |

| briquet | 라이터 | la'itʰo |
| --- | --- | --- |
| glacière | 아이스박스 | a'iseubaksseu |
| lampe torche | 손전등 | sôn'tson'deung |
| maillet | 망치 | mang'tchi |
| matelas gonflable | 튜브 매트리스 | tʰyoubeu mètʰeurisseu |
| moustiquaire | 모기장 | môkidjang |
| piquets de tente | 텐트 말뚝 | tʰéntʰeu malttouᵏ |
| réchaud à gaz | 가스 버너 | gasseu bono |
| sac de couchage | 침낭 | tchim'nang |
| tente | 텐트 | tʰéntʰeu |

## Arbres et plantes sauvages

Les Coréens sont attachés à quatres plantes que l'on appelle "sagunja", 사군자 : l'*abricotier du Japon*, 매화 [mèhwa] ; l'*orchidée*, 난초 [nantchô] ; le *chrysanthème*, 국화 [gou'kʰwa] et le *bambou*, 대나무 [dènamou]. Ce terme signifie littéralement "les quatres lettrés" qui ont, depuis toujours, un rôle très important dans la société coréenne régie par le confucianisme. C'est pour cette raison qu'elles sont omniprésentes dans les œuvres d'art coréennes.
Tout au long de l'année, on voit pousser diverses plantes comme le *forsythia*, 개나리 [kènari] et l'*azalée*, 진달래 [tchindal'lè], au printemps ; le *volubilis*, 나팔꽃 [napʰalkkôt] et la *rose*, 장미 [tchang'mi], en été ; le *cosmos*, 코스모스 [kʰôsseumôsseu], à l'automne et enfin le *camélia*, 동백 [dôngbèk], en hiver.

*Quel est le nom de cette fleur ?*  *C'est vraiment joli !*
이 꽃 이름이 뭐예요 ?  정말 아름다워요.
i kkôt ireumi mwo'yéyo  djongmal areumdawoyo
cette fleur nom quoi-être  vraiment être-beau

| arbre | 나무 | namou |
|---|---|---|
| fleur | 꽃 | kkôt |
| plante | 식물 | ching'moul |

## Animaux

### Mammifères

D'après le mythe de la fondation du pays appelé 단군신화 [dan'gounchinhwa], *le mythe de Dangun*, les ancêtres des Coréens sont les ours. C'est pourquoi l'ours est un animal assez apprécié en Corée. Notez que l'animal domestique le plus courant est… le chien ! Le verbe infinitif 키우다 [kʰiouda] se traduit par *"élever"*.

*Vous avez des animaux domestiques ?*
애완 동물 키우세요 ?
è'wan dôngmoul kʰiouséyo
affection animal élever

| *animal* | 동물 | dôngmoul |
|---|---|---|
| *bœuf* | 소 | sô |
| *chat* | 고양이 | gôyang'i |
| *cheval* | 말 | mal |
| *chien* | 개 | kè |
| *cochon* | 돼지 | dwé'tchi |
| *mouton* | 양 | yang |
| *ours* | 곰 | gôm |
| *singe* | 원숭이 | wonsoung'i |
| *tigre* | 호랑이 | hôrang'i |

## *Oiseaux*

En Corée, on considère la pie comme un oiseau de bon augure et le corbeau comme un oiseau funeste. Il y a un proverbe qui dit "le chant des pies appelle les invités surprises".

| *oiseau* | 새 | sè |
|---|---|---|
| *aigle* | 독수리 | dôkʼssouri |
| *corbeau* | 까마귀 | kkama'kwi |
| *canard* | 오리 | ôri |
| *nid* | 둥지 | doung'tchi |
| *passereau / moineau* | 참새 | tchamsè |
| *pie* | 까치 | kka'tchi |
| *pigeon* | 비둘기 | pidoulki |

CONVERSATION

| poulet | 닭 | da$^k$ |
| poussin | 병아리 | pyong'ari |

## Poissons et crustacés

Il existe deux termes pour désigner le *poisson* : 물고기 *[moulk-kôki]* en tant qu'espèce et 생선 *[sèngson]* en tant qu'aliment. Avez-vous vu la scène d'un film coréen très connu où l'acteur principal mange du *poulpe vivant*, 산낙지 *[san'nak'tsi]* ? Et oui ! Les Coréens mangent le poulpe encore vivant ! Si vous décidez de tester cette spécialité, mâchez bien sinon le poulpe risque de remonter dans votre gorge… Bon appétit !

| anguille | 장어 | djang'o |
| calamar | 오징어 | ô'tching'o |
| coquillages | 조개 | djôkè |
| crevettes | 새우 | sè'ou |
| huîtres | 굴 | goul |
| langoustines | 바닷가재 | bada''kkadjè |
| loche | 미꾸라지 | mi'kkoura'tchi |
| maquereau | 고등어 | gôdeung'o |
| morue | 대구 | dègou |
| moules | 홍합 | hông'ha$^p$ |
| poisson cru | 회 | hwé |
| poulpe | 낙지 | na$^k$'tsi |
| saumon | 연어 | yono |
| thon | 참치 | tcham'tchi |
| trichiure* | 갈치 | gal'tchi |

*spécialité de l'île de Jeju

## *Insectes*

Certains insectes annoncent l'arrivée d'une saison : les *moustiques* (모기 [môki]), les *cigales* (매미 [mèmi]) et les *mouches* (파리 [pʰari]) sont des insectes d'été ; le *grillon* (귀뚜라미 [kwittourami]) et la *libellule* (잠자리 [djamdjari]) sont présents en automne. Dans certains endroits, en ville, vous pourrez trouver un petit commerçant qui vend, dans la rue, des *vers à soie* cuits (번데기 [bondéki]). Oui ! Les Coréens en mangent. Leur apparence n'est pas très attirante, mais sachez que le ver à soie est riche en protéines, contient peu de cholestérol et est peu calorique. Les parents en donnent souvent aux enfants pendant leur période de croissance. Le goût ? Hum… ce n'est pas aussi mauvais que vous l'imaginez, c'est plutôt salé et savoureux en fait !

| | |
|---|---|
| *Le frelon me fait peur.* | *Je déteste les araignées.* |
| 말벌이 무서워요. | 거미를 싫어해요. |
| malbori mou'sowoyo | gomireul chirohèyo |
| frelon être-peureux | araignées détester |

| insecte | 곤충 | gôn'tchoung |
|---|---|---|

| abeille | 벌 | bol |
|---|---|---|
| fourmi | 개미 | kèmi |
| papillon | 나비 | napi |
| ver de terre | 지렁이 | tchilong'i |

| insecticide | 살충제 | sal'tchoung'djé |
|---|---|---|
| répulsif contre les moustiques | 모기약 | môki'ya$^k$ |

CONVERSATION

## ↗ **Hébergement**

### Réservation d'hôtel

Vous pourrez trouver un vaste choix de logements selon vos goûts et le service que vous souhaitez. Si vous partez en dehors de la ville, il existe des logements que l'on appelle 펜션 *[pʰénchyon]*, venant du mot européen "pension". Il s'agit d'une chambre ou une maison entière à louer, avec cuisine équipée. Vous pourrez aussi profiter d'un barbecue dans le jardin !

| *auberge de jeunesse* | 게스트하우스 | *késeutʰeu ha'ousseu* |
|---|---|---|
| *chambre d'hôte* | 민박 | *minbaᵏ* |
| *chambre pour une personne* | 1인실 / 싱글룸* | *il in chil / ching'keul'loum* |
| *chambre pour deux personnes* | 2인실 / 더블룸* | *i in chil / dobeul'loum* |
| *chambre familiale* | 가족실 | *gadjôᵏ'chil* |
| *hôtel* | 호텔 | *hôtʰél* |
| *gîte/pension* | 펜션 | *pʰénchyon* |
| *motel* | 모텔 | *môtʰél* |
| *petit hôtel modeste / auberge* | 여관 | *yo'kwan* |

\* anglais coréanisé

Avez-vous choisi votre logement ? Maintenant, il faut réserver, en précisant la date du séjour : 부터 *[boutʰo]*, *à partir de* ; 까지 *[kka'tchi]*, *jusqu'à*. N'oubliez pas qu'en coréen, l'ordre des mots est inversé.

*Je voudrais faire une réservation.*
예약을 하고 싶은데요.
*yéyageul hagô chipʰeundèyo*
réservation faire voudrais

*Du 1ᵉʳ au 15 août, s'il vous plaît.*
8 월 1 일부터 15 일까지요.
*pʰar wol ir ilboutʰo chipô' il kka'tchiyo*
8 mois 1 jour-de 15 jours-jusqu'à

*Nous arriverons à 16 h.*
오후 4 시에 도착해요.
*ôhou né chié dô'tchakʰèyo*
après-midi 4 heure-à arriver

*Quand devons-nous libérer la chambre ?*
퇴실시간이 언제예요 ?
*tʰwéchilchigani ondjéyéyo*
rendre-la-clé quand-être

*Nous souhaitons inclure le petit-déjeuner.*
조식 포함해 주세요.
*djôchiʰ pʰôhamhè djouséyo*
petit-déjeuner inclure svp

*Nous ne prendrons pas de petit-déjeuner.*
조식은 안 할게요.
*djôchikeun an halkkéyo*
petit-déjeuner pas faire

*Est-il possible de modifier la réservation ?*
예약 변경 가능해요 ?
*yéyaʰ pyonkyong ga'neung'hèyo*
réservation modification être-possible

| accès à la chambre | 체크인* / 입실 | *tchékʰeu'in / iʰ'chil* |
| annulation | 취소 | *tchwi'sô* |
| frais d'annulation | 취소 수수료 | *tchwi'sô sousouryô* |
| rendre la clé | 체크아웃* / 퇴실 | *tchékʰeu'a'out / tʰwéchil* |

\* anglais coréanisé

CONVERSATION

## À la réception

Dès votre arrivée, précisez si vous avez déjà réservé votre chambre : 예약했어요 [yéyak$^h$èssoyo], *J'ai réservé* ; 예약 안 했어요 [yéyak an hèssoyo], *Je n'ai pas réservé.*

| réception / accueil | 리셉션* / 안내 | li'sép'chyon / an'nè |
|---|---|---|

* anglais coréanisé

*J'ai réservé au nom de Kim Yumi.*
김유미로 예약했는데요.
*kim'youmirô yéyak$^h$èn'neundéyo*
Kim-Yu-mi-en réserver

*Pouvez-vous remplir ce document ?*
이 서류를 작성해 주시겠어요 ?
*i so'ryoureul dja$^k$'ssong'hè djou'chikéssoyo*
ce document remplir svp

## Vocabulaire des services et du petit-déjeuner

Pour demander un service, il faut ajouter la forme ci-dessous au radical :
ㄹ *[l]* (après une voyelle) / 을 *[eul]* (après une consonne) + 수 있어요 ? *[sou issoyo]*, *Est-ce que je peux... ?*
ex.: 인터넷 하다, *se connecter à Internet* → 인터넷 할 수 있어요 ?
*[int$^h$onét hal sou issoyo]*, *Est-ce que je peux me connecter à Internet ?*

*Pourriez-vous appeler un taxi, svp ?*
택시 좀 불러 주시겠어요 ?
*t$^h$è$^k$'chi djôm boul'lo djou'chikéssoyo*
taxi svp appeler svp

*Est-il possible de changer les draps ?*
시트 갈 수 있어요 ?
*chit$^h$eu gal ssou issoyo*
drap changer pouvoir

| Est-ce que je peux… | | |
|---|---|---|
| *avoir un plan de la ville ?* | 도시 지도를 얻을… | *dôchi tchidôreul odeul* |
| *changer de chambre ?* | 방을 바꿀… | *bang'eul ba'kkoul* |
| *vous confier mes bagages ?* | 짐을 맡길… | *tchimeul ma'kkil* |
| | …수 있어요 ? | *ssou issoyo* |

Si votre petit-déjeuner est servi en *buffet*, 뷔페 [*pwip$^h$é*], vous y trouverez des aliments occidentaux (café, pain, confiture, chocolat, etc.). Par contre, en *plat coréen*, 한식 [*han'chi$^k$*], on vous proposera du riz, de la viande et du *kimchi*, 김치 [*kim'tchi*] (choux chinois fermenté et pimenté) dès le matin. N'hésitez pas, testez le petit-déjeuner coréen ! Cela vous donnera suffisamment de force pour tenir toute la matinée. Et bon courage pour le kimchi !

*Y a-t-il un service d'étage ?*
룸 서비스 가능해요 ?
*loum so'pisseu ga'neung'hèyo*
chambre service être-possible

| *beurre* | 버터 | *bot$^h$o* |
|---|---|---|
| *café* | 커피 | *k$^h$op$^h$i* |
| *céréales* | 씨리얼 | *chiri'ol* |
| *chocolat chaud* | 핫초코 | *hat'tchôk$^h$ô* |
| *confiture* | 잼 | *djèm* |
| *jus de fruits* | 주스 | *djousseu* |

CONVERSATION

| lait | 우유 | ou'you |
| pain | 빵 | ppang |
| petit-déjeuner | 조식* / 아침식사 | djôchi$^k$ / a'tchimchi$^k$'ssa |
| sucre | 설탕 | solt$^h$ang |
| thé | 차 | tcha |

\* sino-coréen

## En cas de petits problèmes…

Si quelque chose ne vas pas, ne fonctionne pas correctement, on utilise généralement la marque de négation 안 *[an]* devant le verbe. En cas de besoin, utilisez ces tournures :

*La lampe ne s'allume pas.*
불이 안 들어와요.
bouri an deurowayo
lampe pas s'allumer

*Il n'y a pas d'eau chaude.*
따뜻한 물이 안 나와요.
ttatteut$^h$an mouri an na'wayo
tiède eau pas se-couler

*Internet ne fonctionne pas.*
인터넷이 안 되는데요.
int$^h$onéchi an dwéneundéyo
Internet pas marcher

Dans votre chambre, vous trouverez gratuitement un certain nombre de sachets de savon, de shampooing et du petit matériel de toilette : rasoir jetable, brosse à dents et coton-tiges.

| articles de toilette | 세면도구 | sé'myondôgou |
| à usage unique | 일회용 | ilhwéyông |
| brosse à dents | 칫솔 | tchi$^t$'sôl |
| dentifrice | 치약 | tchi'ya$^k$ |
| papier toilette / mouchoirs en papier | 화장지 / 휴지 | hwa'djang'tchi / hyou'tchi |

| peigne | 빗 | *pit* |
| rasoir | 면도기 | *myondôki* |
| savon | 비누 | *pinou* |
| serviette hygiénique | 생리대 | *sèng'nidè* |
| shampooing | 샴푸 | *chyam'pʰou* |

## Régler la note

Retenez plusieurs termes qui indique le *montant* : 금액 *[keumèk]* ; 요금 *[yôkeum]* ; 비용 *[piyong]*.

*Comment allez-vous régler ?*
결제는 어떻게 하시겠어요 ?
*kyol'tséneun ottokʰé ha'chikéssoyo*
règlement comment faire

*Par carte visa, svp.*
비자 카드로 해 주세요.
*pidja kʰadeurô hè djouséyo*
visa carte-par faire svp

| acompte | 예약금 | *yéyakʼkkeum* |
| en espèces | 현금으로 | *hyon'keumeurô* |
| facture / reçu | 영수증 | *yong'sou'djeung* |
| supplément | 추가요금 | *tchouga'yôkeum* |
| solde | 잔금 | *djan'keum* |
| TVA | 부가세 | *bou'ga'ssé* |

## ↗ Nourriture

### Au restaurant

Généralement, les Coréens déjeunent vers midi et dînent vers 18 h. Mais ne vous inquiétez pas, la plupart des restaurants sont ouverts jusqu'à 23 h sans interruption ; il y a même des restaurants ouverts 24 h sur 24. Vous trouverez aussi des petits stands qui vendent de la nourriture dans la rue que l'on appelle 길거리 음식 *[kil'kkori eumchi*ᵏ*]*. Le choix est tellement varié et la nourriture si appétissante que les excès de table risquent de faire partie du voyage…

*Vous aimez quel type de cuisine ?*
무슨 음식 좋아해요 ?
*mou'seun eumchi<sup>k</sup> djôahèyo*
quel cuisine aimer

| cuisine chinoise | 중국 음식 / 중국 요리 | *djoung'gou<sup>k</sup> eumchi<sup>k</sup> / djoung'goung yôri* |
|---|---|---|
| restaurant chinois | 중국집 / 중식당* | *djoung'gou<sup>k</sup> 'tsi<sup>p</sup> / djoung'chi<sup>k</sup> 'ttang* |
| cuisine japonaise | 일본 음식 / 일본요리 | *ilbôn eumchi<sup>k</sup> / ilbôn yôri* |
| restaurant japonais | 일식당 / 일식집 | *ilchi<sup>k</sup> 'ttang / ilchi<sup>k</sup> 'tsi<sup>p</sup>* |
| cuisine traditionnelle coréenne | 한정식 | *han'djong'chi<sup>k</sup>* |
| fast food coréen | 분식집 | *bounchi<sup>k</sup> 'tsi<sup>p</sup>* |
| restaurant coréen | 한식집 / 한식당 | *hanchi<sup>k</sup> 'tsi<sup>p</sup> / hanchi<sup>k</sup> 'ttang* |
| grand restaurant | 고급 식당 | *gôkeu<sup>k</sup> chi<sup>k</sup> 'ttang* |
| restaurant bon marché | 저렴한 식당 | *djo'ryomhan chi<sup>k</sup> 'ttang* |
| restaurant de cuisine occidentale | 양식집 / 양식당 | *yang'chi<sup>k</sup> 'tsi<sup>p</sup> / yang'chi<sup>k</sup> 'ttang* |
| restaurant français | 프랑스 레스토랑 | *p<sup>h</sup>eu'rang'sseu léseut<sup>h</sup>ôrang* |

* plus luxueux

En général, vous pouvez vous installer où vous voulez dans un restaurant, mais dans les lieux un peu plus chics, une personne à l'accueil vous placera. La réservation n'est pas nécessaire sauf dans les grands restaurants. Dans les restaurants coréens ou japonais, il y a deux types de places : 테이블 *[t<sup>h</sup>éibeul], la table*, ou 방 [bang], *la chambre*. Dans ce cas il faut préciser la place que vous voulez. Notez qu'il n'y a pas de chaise dans la chambre, on s'assoit par terre sur un coussin, et il faut, évidemment, enlever ses chaussures.

*Bienvenue !*
어서 오세요.
oso ôséyo
vite venir

*Vous êtes combien ?*
몇 분이세요 ?
myo<sup>t</sup> ppouniséyo
combien personne-être

*Une place à table, svp.*
테이블로 주세요.
t<sup>h</sup>é'ibeul'lô djouséyo
table-en donner

*Une place dans la chambre, svp.*
방으로 주세요.
bang'eurô djouséyo
chambre-en donner

| réservé | 예약석 | yéya<sup>k</sup>'sso<sup>k</sup> |

À présent, une question se pose : qu'allez-vous commander en entrée, en plat et en dessert ? En Corée, pas de choix à faire ! Dans les restaurants coréens, il n'y a pas d'entrée, ni de dessert (certains restaurants proposent le dessert, mais avec un choix restreint). Les couverts coréens sont composés d'une *cuillère*, 숟가락 [sou<sup>t</sup>'kkara<sup>k</sup>], et de *baguettes*, 젓가락 [djo<sup>t</sup>'kkara<sup>k</sup>], en métal. La manipulation n'est pas facile pour les débutants. Si vous les trouvez difficiles à utiliser, n'hésitez pas à demander une *fourchette*, 포크 [p<sup>h</sup>ôk<sup>h</sup>eu].

Les plats coréens sont souvent très épicés. Soyez vigilent(e) et n'hésitez pas à demander si le plat est relevé avant de commander.

*Pas trop épicé, svp.*
안 맵게 해 주세요.
*an mè$^p$'kké hè djouséyo*
pas être-épicé svp

*La même chose, s'il vous plaît.*
같은 걸로 주세요.
*gat$^h$eun gol'lô djouséyo*
même chose-en donner

*Je suis végétarien(ne).*
채식주의예요.
*tchèchi$^k$'tsou'i'yéyo*
végétarien(ne)-être

*Je suis allergique au poisson.*
생선 알레르기가 있어요.
*sèngson al'léreukiga issoyo*
poisson allergique exister

*Est-ce qu'il y a du porc dans ce plat ?*
돼지고기가 들어가요 ?
*dwè'tchigôkiga deurogayo*
porc être-inclus

Vous êtes plutôt dessert ? Il y en a assez peu dans la cuisine coréenne. Vous pourrez tout de même déguster des fruits, du gâteau de riz ou encore demander un thé ou un café en guise de dessert.

| *dessert* | 디저트* / 후식 | *tidjot$^h$eu / houchi$^k$* |
|---|---|---|
| *fruit* | 과일 | *kwa'il* |
| *gâteau de riz* | 떡 | *tto$^k$* |
| *glace* | 아이스크림 | *a'isseuk$^h$eurim* |
| *patbingsu*** | 팥빙수 | *p$^h$a$^t$'pping'sou* |

\* anglais coréanisé

\*\* glace nappée à la pâte de haricots rouges

## Spécialités et plats traditionnels

En Corée, le repas, en général, se compose d'un bol de riz, de kimchi, d'un "ragoût" et d'accompagnements, le tout servi en une seule fois. Le *kimchi*, 김치 *[kimtchi]*, est composé de chou chinois fermenté et épicé. Ce n'est pas un plat principal mais plutôt un accompagnement. Le kimchi est aussi souvent utilisé comme ingrédient principal dans les plats typiquement coréens. On trouve en Corée autant de variétés de kimchi que de fromages en France. Pour désigner le *"ragoût"*, il existe plusieurs termes : 국 *[gou$^k$]* ; 탕 *[t$^h$ang]* ; 찌개 *[tsikè]* ; 전골 *[djon'gôl]*. La différence entre ces appellations réside dans la composition et dans l'épaisseur de la sauce : 국 *[gou$^k$]* est composé de plus de bouillon que de morceaux de viande (porc, bœuf ou encore poulet), ou de légumes, il ressemble un peu au 탕 *[t$^h$ang]* ; 찌개 *[tsikè]* est plus épais que 국 *[gou$^k$]* et contient plus de morceaux de viande ou de légumes que de bouillon. Généralement, il est plus salé et plus épicé. Le 전골 *[djon'gôl]* ressemble beaucoup au 찌개 *[tsikè]*, il est souvent servi sur une plaque chauffante qui lui permet de mijoter encore une fois sur la table.

| accompagnement | 반찬 | ban'tchan |
|---|---|---|
| plat traditionel | 전통 음식 | djont$^h$ông eumch$i^k$ |
| riz (cru) | 쌀 | ssal |
| riz (cuit) / repas | 밥 | ba$^p$ |

## Vocabulaire des mets et des aliments

Regardons le nom des plats que vous allez commander :

| beignets de ... | ... 튀김 | t$^h$wikim |
|---|---|---|
| galettes de ... | ... 부침개 / 전 | bou'tchimkè / djon |

| grillades de ... | ... 구이 | gou'i |
|---|---|---|
| nouilles ... | ... 면 | myon |
| sauté de ... | ... 볶음 | bô'kkeum |
| ... cuit à la vapeur | ... 찜 | tsim |

Le plat traditionnel coréen 불고기 *[boulgôki]*, *bulgogi*, est littéralement composé de 불, *feu*, et de 고기, *viande*. Il s'agit de bœuf mariné à la sauce soja, un plat que les Coréens mangent au quotidien. Le 비빔밥 *[pipim'ppaᵖ]*, *bibimbap*, vient de 비빔, *mélange*, et de 밥, *riz*. Ce plat se présente dans un bol, il s'agit de riz couvert de légumes et de viande accompagné de pâte de piment, 고추장 *[gôtchoudjang]* ; on admire la jolie présentation, puis on mélange le tout avec le condiment. Sa version domestique se compose de tous les accompagnements restants dans le réfrigérateur mélangés au condiment. C'est sans aucun doute le plat idéal pour faire de la place dans le frigo !

Le 삼겹살 *[samkyoᵖ'ssal]*, *samgyeopsal* (poitrine de porc grillée), est un plat très populaire en Corée. Comme le 불고기, on le mange avec des bouchées de riz enroulées dans une feuille de salade. Ce sont des plats très conviviaux.

Les Coréens ne mangent pas de 미역국 *[miyoᵏ'kkouᵏ]*, *miyeok guk* (soupe d'algue), la veille d'un jour important, comme par exemple un contrôle d'évaluation, un entretien d'embauche etc. car ils croient qu'on peut minimiser ses chances à cause de l'algue (sa nature glissante risquerait de faire passer à côté de la chance au lieu de l'accrocher). Quelle imagination !

Les Coréens mangent du 삼계탕 *[samkyétʰang]*, *samgyetang*, en été. Cette soupe de poulet au ginseng est très chaude. Ils pensent que le fait de transpirer aide à se rafraîchir. Vous voulez goûter ?

Si vous voulez demander ce qu'il y a dans un plat, utilisez la phrase :

*Qu'est-ce qu'il y a dans le bibimbap ?*
비빔밥에 뭐가 들어있어요 ?
*pipim'ppabé mwoga deuro'issoyo*
bibimbap-à quoi contenir

## Façons de préparer, sauces et assaisonnements

La sauce coréenne se prépare en faisant fermenter des aliments : 간장 *[gandjang]*, *ganjang* / sauce de soja, fermentation de soja ; 고추장 *[gô'tchou'djang]*, *gochujang*, pâte de piment rouges ; 된장 *[dwén'djang]*, *doenjang*, pâte de soja fermentée et 액젓 *[èᵏ'tso']*, *aekjeot*, sauce de poisson fermentée.

*Vous utilisez quelle sauce ?*
무슨 양념을 사용해요 ?
*mouseun yang'nyomeul sa'yônghèyo*
quelle sauce utiliser

| ail | 마늘 | ma'neul |
|---|---|---|
| huile de sésame | 참기름 | tchamkireum |
| pâte de piment | 고추장 | gô'tchou'djang |
| pâte de soja fermentée | 된장 | dwén'djang |
| poudre de piment | 고추 가루 | gô'tchou garou |
| sauce de poisson fermenté | 액젓 | eᵏ'djo' |
| sauce soja | 간장 | gan'djang |
| sel | 소금 | sôkeum |
| sucre | 설탕 | solthang |
| vinaigre | 식초 | chiᵏ'tchô |

Pour la cuisson, les Coréens n'utilisent pas le four. D'autres modes de cuisson (et de préparation) sont plus répandus, en voici une liste :

*Comment on le cuisine ?*
어떻게 요리해요 ?
*ottokʰé yôrihèyo*
comment cuisiner

*On fait frire les beignets.*
튀김을 튀겨요.
*tʰwikimeul tʰwi'kyoyo*
beignet frire

*On fait sauter les légumes à la poêle.*
야채를 볶아요.
*ya'tchèreul bôkkayo*
légume sauter

*On fait griller le poisson.*
생선을 구워요.
*sèngsoneul gouwoyo*
poisson griller

*On fait bouillir les nouilles.*
국수를 삶아요.
*gouᵏ'ssoureul salmayo*
pâte bouillir

*On fait cuire les raviolis à la vapeur.*
만두를 쪄요.
*mandoureul tsyoyo*
raviolis cuire-à-la-vapeur

*On roule le kimbap.*
김밥을 말아요.
*kimbapeul marayo*
kimbap rouler

*On prépare le ragoût au kimchi.*
김치찌개를 끓여요.
*kim'tchi'tsikèreul kkeuryoyo*
ragoût-au-kimchi faire

*On cuit les galettes à la poêle.*
전을 부쳐요.
*djoneul bou'tcho'yo*
galettes faire

## Exprimer le goût

Vous allez utiliser très souvent le verbe 맵다 *[mèᵖ'tta]*, *être piquant/épicé* car la plupart des plats coréens le sont... Attention à votre estomac !

| C'est... | | |
|---|---|---|
| aigre. | 셔 | chyo |
| aigre-doux. | 새콤달콤해 | sèkʰôm'dalkʰômhè |
| amer. | 써 | sso |
| délicieux. | 맛있어 | machisso |
| un peu fade. | 조금 싱거워 | djôkeum ching'gowo |
| gras. | 느끼해 | neu'kkihè |
| piquant. | 매워 | mèwo |
| très salé. | 많이 짜 | mani tsa |
| sucré. | 달아 | dara |
| | ...요. | ...yo |

## Boissons

### Boissons alcoolisées

Le *soju*, 소주 *[sô'djou]*, alcool coréen, est très populaire et bon marché. Il est la base de nombreuses boissons parfumées alcoolisées, telles que le 레몬소주 *[lémôn sô'djou]*, *soju au citron* ; le 키위소주 *[kʰiwi sô'djou]*, *soju au kiwi* ; le 인삼주 *[insamdjou]*, *soju au ginseng*, etc.

Le *makgeolli*, 막걸리 *[maᵏ'kkol'li]*, est un alcool traditionnel coréen fait à base de riz. Il est de couleur beige et est peu alcoolisé. Son goût est agréablement doux.

| alcool | 술 | soul |
| --- | --- | --- |
| bière | 맥주 | mèᵏ'tsou |
| boissons alcoolisées | 주류 | djouryou |
| cocktail | 칵테일 | kʰaᵏtʰé'il |
| makgeolli | 막걸리 | maᵏ'kkol'li |
| saké (alcool japonais) | 청주 | tchong'djou |
| soju mélangé avec de la bière | 소맥 | sômèᵏ |
| vin | 포도주 / 와인* | pʰôdôdjou / wa'in |
| vodka | 보드카 | bôdeukʰa |
| whisky | 위스키 | wi'seukʰi |

\* anglais coréanisé

## Autres boissons

Les Coréens consomment également toutes sortes de boissons non alcoolisées : jus de fruits et de légumes ou encore café et thé, en guise de dessert.

*L'eau est tiède.*
물이 미지근해요.
mouri mi'tchikeunhèyo
l'eau être-tiède

*Le thé vert est très chaud.*
녹차가 뜨거워요.
nôᵏ'tchaga tteugowoyo
thé-vert être-très-chaud

*Le café est chaud.*
커피가 따뜻해요.
kʰopʰiga ttatteutʰèyo

*Le jus d'orange est frais.*
오렌지 주스가 시원해요.
ôréntchi djousseuga chiwonhèyo

*Le soda est froid.*
콜라가 차가워요.
kʰôl'laga tchagawoyo

| boisson | 음료수 | eum'nyôsou |
| café | 커피 | kʰopʰi |
| jus de fruits | 주스 | djousseu |
| thé/tisane | 차 | tcha |

La base du thé coréen se compose de fruits, de graines, de feuilles et d'ingrédients pharmaceutiques orientaux, ex. : le 유자차 *[you'dja'chat]*, *thé au yuzu* ; la 보리차 *[bôri'tcha]*, *tisane d'orge* ; la 국화차 *[gou'kʰwa'tcha]*, *tisane de chrysanthème* ; le 쌍화차 *[ssang'hwa'tcha]*, *"ssanghwa cha"*. Ce dernier est un thé à base de substances issues de la pharmacopée orientale. Son goût est plutôt amer et il est bien parfumé.

## ↗ Achats et souvenirs

### Magasins et services

On utilise des termes assez familiers pour désigner le personnel et les clients dans les commerces. Sauf s'il s'agit d'un grand magasin ou d'un magasin luxueux, où les vendeurs utiliseront le terme officiel "client" 손님 *[sôn'nim]* ou 고객님 *[gôkèng'nim]* pour désigner les clients, et ces derniers les interpelleront en lançant un *s'il vous plaît !*, 저기요 ! *[djokiyo]*. Si c'est un petit commerce général, les vendeurs et les clients utiliseront des termes de parenté ("grande sœur", "tante"...) afin de manifester de la sympathie.

*S'il vous plaît ! Combien ça coûte ?*
언니, 이거 얼마예요 ?
*onni, igo olmayéyo*
grande-sœur, ceci combien-être
→ la cliente s'adresse à la vendeuse

*Cela vous va très bien !*
언니한테 잘 어울리네요 !
*onnihantʰé djal o'oul'linéyo*
grande-sœur-à bien aller
→ la vendeuse s'adresse à sa cliente

*S'il vous plaît ! Est-ce qu'on peut emballer ce qui reste ?* (au restaurant)
이모 ! 남은거 싸 주세요.
*imô nameun'go ssa djouséyo*
tante rester-chose emballer svp
→ par les clients, sans différence de sexe, souhaitant interpeller une serveuse d'un certain âge

Quelques termes supplémentaires :

| | | |
|---|---|---|
| *serveur(-se) / employé(e) de restaurant* | 식당 종업원 | *chi$^k$'ttang djông'opwon* |
| *vendeur(-se) / employé(e) de magasin* | 점원 | *djomwon* |

Savez-vous qu'en Corée, vous pouvez faire vos achats à tout moment de la journée ou de la soirée ? Les magasins sont généralement ouverts jusqu'à 22 h du lundi au dimanche et on trouve partout, en ville, des *supérettes*, 편의점 *[p$^h$yonidjom]*, ouvertes 7 jours sur 7, 24 heures sur 24.

| | | |
|---|---|---|
| *camelot* | 노점상 | *nôdjomsang* |
| *centre commercial* | 쇼핑센터 | *chyôp$^h$ing'sént$^h$o* |
| *grand magasin* | 백화점 | *bèk$^h$wadjom* |
| *hypermarché* | 대형마트 | *dèhyong'mat$^h$eu* |
| *marché* | 시장 | *chi'djang* |
| *supérette coréenne* | 편의점 | *p$^h$yonidjom* |

Quand vous arriverez dans un grand magasin ou dans un centre commercial, regardez bien où vous êtes. En Corée, on n'utilise pas le terme "rez-de-chaussée", on commence directement au 1$^{er}$ étage !

*À quel étage se trouve le rayon papeterie ?*
문구매장이 몇 층에 있어요 ?
moun'goumèdjang'i myo<sup>t</sup> tcheung'é issoyo
papeterie-rayon quel étage se-trouver

*C'est cher.*
비싸네요.
pissanéyo

*C'est bon marché.*
싸네요.
ssanéyo

| accueil, information | 안내 | an'nè |
| caisse | 계산대 | kyé'sandè |
| livraison | 배송 | bè'sông |
| magasin hors taxe | 면세점 | myonsédjom |
| soldes / réduction | 세일 / 할인 | séil / harin |

## Livres, revues, journaux, musique…

À Séoul, vous trouverez de grandes librairies qui vous proposeront livres, revues, CD, DVD… Vous y trouverez même des coins café ou repas. C'est un endroit idéal pour un rendez-vous sous forme de balade intellectuelle et culturelle !

*Vous avez des mangas ?*
만화책도 파나요 ?
manhwa'tchè<sup>k</sup>'ttô p<sup>h</sup>anayo
manga-aussi vendre

*Où se trouve le rayon des revues ?*
잡지 코너가 어디예요 ?
dja<sup>p</sup>'tsi k<sup>h</sup>ônoga odiyéyo
revues rayon où-être

| | | |
|---|---|---|
| CD | CD | chidi |
| dictionnaire | 사전 | sa'djon |
| DVD | DVD | tibeu'idi |
| K-pop | kpop | $k^h\acute{e}'ip^ha^p$ |
| librairie | 서점 | sodjom |
| livre | 책 | $tch\grave{e}^k$ |
| musique | 음악 | $euma^k$ |
| pop (musique) | 팝송 | $p^h$apsông |
| recueil de poèmes | 시집 | $chi'tchi^p$ |
| roman | 소설책 | $sôsol'tch\grave{e}^k$ |

## Blanchisserie-teinturerie

Vous trouverez des laveries, des ateliers de retouches, des pressings dans les centres commerciaux. Pour faire réparer le talon de vos chaussures, partez à la recherche d'une petite cabine installée près d'une station de métro. Si vous voulez savoir combien de temps l'opération prendra, il faut utiliser le verbe 걸리다 : 얼마나 걸려요 ? *[olmana gol'lyoyo]*, *Cela prend combien de temps ?*

*Où se trouve l'atelier de retouches (couture) ?*
수선실이 어디 있어요 ?
sou'sonchili odi issoyo

*Quand puis-je venir le/la récupérer ?*
언제 찾으러 올까요 ?
ondjé tcha'djeuro ôlkkayo
quand récupérer venir

*Pouvez-vous changer le talon (des chaussures), svp ?*
굽 좀 갈아 주세요.
$gou^p$ djôm gara djouséyo
talon svp changer svp

| blanchisserie | 세탁소 | sétʰakʼssô |
| réparation de chaussures | 구두 수선 | goudou sou'son |

# Vêtements et chaussures

La tenue traditionnelle coréenne est le 한복 *[hanbôᵏ]*. Après l'essayage, si vous avez des commentaires à faire sur le vêtement, utilisez la forme -ㄴ / 은 것 같아요, *il me semble que* après le radical : 작은 것 같아요 *[djakeun goᵗ gatʰayo]*, *Il me semble que c'est petit* ; 큰 것 같아요 *[kʰeun goᵗ gatʰayo]*, *Il me semble que c'est grand*.

*Ce vêtement me plaît.*
이 옷이 마음에 들어요.
*i ôchi ma'eumé deuroyo*
ce vêtement plaire

*Est-ce que je peux essayer ?*
(vêtements)
입어 봐도 되요 ?
*ibo bwadô dwéyo*
essayage de vêtements

*N'y a-t-il pas d'autres tailles ?*
다른 사이즈 없어요 ?
*dareun ssa'i'djeu opʼssoyo*
autre taille ne-pas-exister

*Où se trouve la cabine d'essayage ?*
탈의실이 어디예요 ?
*tʰari'chiri odiyéyo*
cabine-d'essayage où-être

*C'est en quelle matière ?*
무슨 재질이에요 ?
*mouseun djè'tchiriéyo*
quelle matière-être

*Est-ce que je peux essayer ?*
(chaussures)
신어 봐도 되요 ?
*chino bwadô dwéyo*
essayage de chaussures

CONVERSATION

## Vêtements

| costume (deux pièces) | 양복 / 정장 | yang'bôᵏ / djongdjang |
|---|---|---|
| chemise | 셔츠 | chyo'tcheu |
| jean | 청바지 | tchong'ba'tchi |
| jupe | 치마 | tchima |
| maillot de bain | 수영복 | sou'yongbôᵏ |
| pantalon | 바지 | ba'tchi |
| pull | 스웨터 | seuwétʰo |
| pyjama | 파자마 * / 잠옷 | pʰadjama / djamôᵗ |
| robe | 원피스 | wonpʰisseu |
| short | 반바지 | banba'tchi |
| sous-vêtements | 속옷 | sôgôᵗ |
| t-shirt | 티셔츠 | tʰichyo'tcheu |

\* anglais coréanisé

## Chaussures

| baskets | 운동화 | oun'dônghwa |
|---|---|---|
| ballerines | 단화 | danhwa |
| bottines/boots | 부츠 | bou'tcheu |
| chaussons | 실내화 / 슬리퍼 * | chil'lèhwa / seul'lipʰo |
| chaussures | 신발 | chinbal |
| chaussures "de ville" | 구두 | goudou |
| escarpins | 여성 구두 | yosong goudou |
| sandales | 샌들 | sèndeul |

\* anglais coréanisé

## Accessoires

| accessoires | 액세서리 | èᵏ'ssésori |
|---|---|---|
| chapeau | 모자 | môdja |
| chaussettes | 양말 | yangmal |

| collants | 스타킹 | seutʰa'kʰing |
| sac | 가방 | gabang |

## Couleurs

| de couleur... | | |
|---|---|---|
| blanche | 흰... | hin... |
| bleue | 파란... | pʰaran... |
| jaune | 노란... | nôran... |
| noire | 검정... | gom'djong... |
| rose | 분홍... | boun'hông... |
| rouge | 빨간... | ppal'gan... |
| verte | 초록... | tchôrôᵏ... |
| violette | 보라... | bôra... |
| | ...색 | ...sèᵏ |

# Tabac

On peut acheter des cigarettes dans les petits commerces, comme dans les supérettes par exemple. Attention si vous fumez dans une zone non fumeur ou si vous jetez votre mégot dans la rue, les agents de contrôle de la mairie peuvent vous mettre une amende (environ 35 euros).

*Est-ce une zone non-fumeur ?*
금연 구역인가요 ?
*keumyon' gou'yokin'gayo*
non-fumeur zone-être

*Ça vous dérange si je fume ?*
담배 펴도 돼요 ?
*dambè pʰyodô dwéyo*
cigarettes fumer pouvoir

*Je suis fumeur(-se).*
담배를 피워요.
*dambèreul pʰiwoyo*
cigarettes fumer

*Où puis-je jeter le mégot ?*
담배꽁초를 어디에 버려요 ?
*dambè'kkông'tchôreul odié boryoyo*
mégot où-à jeter

| amende | 벌금 | *bolkeum* |
| --- | --- | --- |
| briquet | 라이터 | *la'itʰo* |
| cendrier | 재떨이 | *djèttori* |
| fumeur | 흡연자 | *heupyon'dja* |
| non-fumeur | 비흡연자 | *piheupyon'dja* |
| zone fumeur | 흡연구역 | *heupyon' gou'yoᵏ* |

# Photo

Si vous ne connaissez pas, prenez une photo dans une cabine de photos autocollantes ! Vous pourrez appliquer des effets à vos photos, comme avec un bon logiciel de retouche d'image ! Pour dire *prendre une photo*, on emploie le verbe 찍다 : 사진을 찍어요 [*sa'tchineul tsigoyo*], *(Je) prends des photos*.

*Appuyez ici.*
여기를 누르세요.
*yokireul noureuséyo*
ici appuyer

*Est-ce que je peux prendre ça en photo ?*
이거 사진 찍어도 돼요 ?
igo sa'tchin tsikodô dwéyo
ça photo prendre pouvoir

*Je voudrais faire des photos d'identité.*
증명 사진을 찍고 싶은데요.
djeung'myong sa'tchineul tsi$^k$'kkô chip$^h$eundéyo
identité photo prendre voudrais

*Pourriez-vous me prendre en photo ?*
사진 좀 찍어 주세요.
sa'tchin djôm tsiko djouséyo

*Pouvez-vous développer cette pellicule ?*
현상해 주세요.
hyonsanghè djouséyo

| appareil photo | 카메라* /사진기 | k$^h$améra / sa'tchinki |
| appareil photo numérique | 디지털 카메라 | ti'tchit$^h$ol k$^h$améra |
| batterie/piles | 배터리 / 건전지 | bèt$^h$ori / gondjon'tchi |
| cabine de photos autocollantes | 스티커 사진기 | seut$^h$ik$^h$o sa'tchinki |
| carte mémoire | 메모리 카드 | mémori k$^h$adeu |
| pellicule | 필름 | p$^h$il'leum |
| photo autocollante | 스티커 사진 | seut$^h$ik$^h$o sa'tchin |
| photo couleur / noir et blanc | 컬러 사진 / 흑백 사진 | k$^h$ol'lo sa'tchin / heu$^k$'ppè$^k$ sa'tchin |

\* anglais coréanisé

CONVERSATION

## Provisions

*Faire les courses* se dit 장을 보다 *[djang'eun bôda]*. Voici quelques éléments pour vous aider :

| | | |
|---|---|---|
| *Y a-t-il un marché dans ce quartier ?* | | *Où se trouvent les paniers ?* |
| 근처에 시장이 있어요 ? | | 장바구니가 어디에 있어요 ? |
| *keun'tchoé chi'djang'i issoyo* | | *djang'ppagouniga odié issoyo* |
| proximité-à marché exister | | panier où exister |

| chariot (de supermarché) | 쇼핑 카트 | *chôpʰing kʰatʰeu* |
|---|---|---|
| produits d'hygiène féminine | 여성 용품 | *yosong yông'pʰoum* |
| produits pour bébé | 유아 용품 | *you'a yông'pʰoum* |
| produits de beauté | 화장품 | *hwadjang'pʰoum* |

## Souvenirs

Peut-être vous laisserez-vous tenter par quelques souvenirs traditionnels ou modernes que vous trouverez dans tous les sites touristiques. Sachez que vous pourrez *négocier le prix*, 가격을 흥정하다 *[gakyokeul heung'djong'hada]*, au marché ou chez les petits commerçants. Plus vous prendrez d'articles, plus la réduction sera intéressante !

| | | |
|---|---|---|
| *Combien coûte un éventail ?* | | *Ça coûte 2 000 wons.* |
| 부채 한 개에 얼마예요 ? | | 2,000 원이에요. |
| *bou'tchè han kè'é olmayéyo* | | *i'tchon woniéyo* |
| éventail un unité combien-être | | deux-mille won-être |

| alcool traditionnel | 전통주 | *djontʰông'djou* |
|---|---|---|
| cadeau | 선물 | *son'moul* |
| carte postale | 우편 엽서 | *oupʰyon yopʼsso* |

| | | |
|---|---|---|
| *marque page* | 책갈피 | *tchèkʼkkalpʰi* |
| *porte-clé* | 열쇠 고리 | *yol'swé gôri* |
| *poupée* | 인형 | *inhyong* |
| *stylo* | 볼펜 | *bôlpʰén* |
| *souvenir* | 기념품 | *ki'nyompʰoum* |
| *tableau* | 그림 | *keurim* |

## ↗ Rendez-vous professionnels

Dans le milieu professionnel en Corée, faire preuve de ponctualité est gage de confiance. Les relations professionnelles suivent un véritable schéma vertical, elles sont très hiérarchisées. En règle générale, on utilise la terminaison du type poli formel, qui se termine par -ㅂ *[m]* / 습니다 *[seumnida]*, afin de manifester un ton officiel et soutenu.

### Fixer un rendez-vous

Désigner quelqu'un, quand on s'adresse à une personne ou quand on parle d'une personne, se fait par le titre professionnel en ajoutant -님 *[nim]* après, ex.: 사장 *[sa'djang]*, *président*, devient 사장님 *[sa'djang'nim]*, *monsieur le Président*. On ne l'emploie pas si on parle de soi.

*Je suis A, de l'entreprise B.*
B 회사의 A입니다.
*B hwé'sa'é A imnida*
B entreprise-de A-être

*Je souhaiterais prendre un rendez-vous avec le président.*
사장님을 만나뵙고 싶습니다.
*sa'djang'nimeul man'na bwépʼkkô chipʼsseumnida*
président rencontrer voudrais

*Quand puis-je vous voir ?*
언제 만나 뵐 수 있을까요 ?
*ondjé man'na bwél ssou isseulkkayo*
quand rencontrer pouvoir

*Cela vous convient, à 11 h ?*
오전 11시 괜찮으십니까 ?
*ôdjon yol han chi kwèn'tchaneu'chimnikka*

*Je vous remercie.*
감사합니다.
*gamsahamnida*

*Je suis ponctuel(le).*
시간을 잘 지킵니다.
*chiganeul djal tchik$^h$imnida*
temps bien garder

*Signons le contrat.*
계약서에 싸인합시다.
*kyé'ya$^k$'sso'é ssa'inha$^p$'chida*
contrat-à signer

## Visiter l'entreprise

Si vous partez en Corée pour le travail, ou si, lors de votre voyage, vous souhaitez rendre visite à des contacts professionnels, voici quelques éléments qui pourraient vous être utiles. N'oubliez pas, lorsque vous préciserez avec qui vous avez rendez-vous à l'accueil de l'entreprise, de citer le titre professionnel accompagné du nom de la personne en question.

*Comment puis-je vous aider ?*
어떻게 오셨습니까 ?
*ottok$^h$é ô'chyo''sseumnikka*
comment venir

*J'ai un rendez-vous avec le président Kim à 10 h.*
10 시에 김 사장님하고 약속이 있습니다.
*yol chié Kim sa'djang'nimhagô ya$^k$'ssôki isseumnida*
10 heure-à Kim président-avec rendez-vous avoir

*Veuillez attendre un instant, s'il vous plaît.*
잠시만 기다려 주십시오.
*djamchiman kida'ryo djou'chi$^p$'chiyo*
un-instant attendre svp

*Je vous accompagne chez le président Kim.*
김 사장님께 안내해 드리겠습니다.
*Kim sa'djang'nimkké an'nèhè deurikésseumnida*

## Vocabulaire de l'entreprise

La liste suivante regroupe les principaux termes relatifs au monde de l'entreprise.

| | | |
|---|---|---|
| *accord* | 합의 | *hapi* |
| *affaire* | 사업 | *sa'o$^p$* |
| *chiffre d'affaires* | 매출 | *mè'tchoul* |
| *collaboration* | 협력 | *hyom'nyo$^k$* |
| *développement* | 개발 | *kèbal* |
| *entreprise* | 회사 | *hwé'sa* |
| *entreprise sous-traitante* | 하청 업체 | *ha'tchong o$^p$'tché* |
| *grande entreprise* | 대기업 | *dèki'o$^p$* |
| *investissement* | 투자 | *t$^h$ou'dja* |
| *laboratoire* | 연구실 | *yon'gou'chil* |
| *management* | 경영 | *kyong'yong* |
| *marketing* | 마케팅 | *mak$^h$ét$^h$ing* |
| *partenaire* | 파트너 | *p$^h$a't$^h$euno* |

| PME | 중소기업 | djoung'sôki'o$^p$ |
|---|---|---|
| qualité | 품질 | poum'tchil |
| quantité | 수량 | souryang |
| rendez-vous | 약속 / 미팅* | ya$^k$'ssô$^k$ / mit$^h$ing |
| savoir-faire | 노하우 | nôha'ou |
| usine | 공장 | gông'djang |

\* anglais coréanisé

## Salons et expositions

Le salon du mariage à Séoul, les expositions de gastronomie et de porcelaine coréennes, qui ont lieu dans toutes les régions, vous séduiront certainement ! On se donne rendez-vous ?

| distribution | 배급 | bèkeu$^p$ |
|---|---|---|
| échantillon | 견본 | kyonbôn |
| export / exportation | 수출 | sou'tchoul |
| exposition | 박람회 | bang'namhwé |
| import / importation | 수입 | sou'i$^p$ |
| modification de contrat | 계약 변경 | kéya$^k$ pyon'kyong |
| résiliation de contrat | 계약 취소 | kéya$^k$ tchwisô |
| salon | 전시장 | djon'tchi'djang |

## ↗ Santé

## Chez le médecin, aux urgences

Il n'est pas obligatoire de prendre rendez-vous si vous avez besoin d'aller voir un médecin en Corée. Allez-y mais n'oubliez pas de vous enregistrer en arrivant, c'est-à-dire qu'il faut remplir un formulaire à l'accueil.

*Vous êtes-vous enregistré(e) ?*
접수 하셨어요 ?
*djoᵖ'ssou ha'chyossoyo*
enregistrement faire

## Personnel médical et quelques services

| dermatologie | 피부과 | pʰibou'kkwa |
|---|---|---|
| infirmier/-ère | 간호사 | ganhôsa |
| médecin | 의사 | eui'sa |
| pédiatrie | 소아과 | sôakkwa |
| unité de soins intensifs | 중환자실 | djoung'hwan'djachil |
| urgences | 응급실 | eung'keuᵖ'chil |

## Dossier médical

| antécédents | 병력 | pyong'nyoᵏ |
|---|---|---|
| cancer | 암 | am |
| contrat d'assurance médicale | 의료보험증 | eui'ryôbôhom'tseung |
| groupe sanguin | 혈핵형 | hyo'rèkʰyong |
| chirurgie esthétique | 성형수술 | song'hyong'sousoul |
| opération | 수술 | sou'soul |
| ordonnance | 처방전 | tchobang'djon |
| SIDA | 에이즈 | é'idjeu |
| soins médicaux | 진료 | tchil'lyô |

CONVERSATION

## Symptômes

Voici quelques phrases qui vous permettront de décrire vos *symptômes*, 증상 *[djeung'sang]*, en cas de besoin :

*Ça saigne.*
피가 나요.
p*h*iga nayo
sang s'écouler

*Ça me démange.*
간지러워요.
gan'tchirowoyo

*Je tousse.*
기침이 나요.
ki'tchimi nayo

*Je me suis blessé(e) au bras.*
팔을 다쳤어요.
p*h*areul da'tchyossoyo

*Je suis constipé(e).*
변비에 걸렸어요.
pyonpié gol'lyossoyo

*Je suis tout le temps fatigué(e).*
항상 피곤해요.
hang'sang p*h*igônhèyo

*J'ai envie de vomir.*
토할 것 같아요.
t*h*ôhal kko*t* gat*h*ayo
vomir il-me-semble-que

*Mes jambes sont enflées.*
다리가 부었어요.
dariga bou'ossoyo

*Je ne vois pas très bien.*
잘 안 보여요.
djal an bôyoyo

*Je ne sens plus mes poignets.*
손목에 감각이 없어요.
sôn'môké gamgaki o*p*'ssoyo

*Je suis paralysé(e).*
마비됐어요.
mapidwèssoyo

| J'ai... | | |
|---|---|---|
| la diarrhée. | 설사를 해... | solssareul hè |
| de la fièvre. | 열이 나... | yori na |
| froid. | 추워... | tchouwo |
| des palpitations. | 심장이 두근거려... | chim'djang'i dou'keun'goryo |
| du mal à digérer. | 소화가 안 돼... | sôhwaga an dwé |
| du mal à respirer. | 숨 쉬기가 힘들어... | soum chwi'kiga himdeuro |
| des vertiges. | 어지러워... | o'tchirowo |
| | ...요. | yo |

## Douleurs et parties du corps

Si vous avez besoin de situer exactement la source de la douleur :

*J'ai mal au ventre.*
배가 아파요.
*bèga ap$^h$ayo*
ventre avoir-mal

| bouche | 입 | i$^p$ |
|---|---|---|
| bras | 팔 | p$^h$al |
| cheville | 발목 | balmô$^k$ |
| cœur | 심장 | chim'djang |
| dos | 등 | deung |
| épaule | 어깨 | okkè |
| estomac | 위 | wi |
| foie | 간 | gan |
| genou | 무릎 | moureu$^p$ |
| gorge | 목 | mô$^k$ |
| hanche | 둔부 | dounbou |

CONVERSATION

| intestin | 장 | djang |
| jambe | 다리 | dari |
| main | 손 | sôn |
| nez | 코 | kʰô |
| œil | 눈 | noun |
| oreille | 귀 | kwi |
| pied | 발 | bal |
| rein | 허리 | hori |
| testicule | 고환 | gôhwan |
| tête | 머리 | mori |
| vessie | 방광 | bang'kwang |

## Santé de la femme

Si vous voulez être soignée par une femme médecin, dites :
여의사를 불러 주세요 ! *[yo'euisareul boul'lo djouséyo]*, *Pouvez-vous appeler une femme médecin, svp ?*

*Je prends la pilule.*
피임약을 복용해요.
*pʰi'imyakeul bô'kyônghèyo*
pilule prendre

*Je suis enceinte.*
임신했어요.
*imchinhèssoyo*
être-enceinte

*Mes règles sont douloureuses.*
생리통이 심해요.
*sèng'nitʰông'i chimhèyo*
règles-douleur être-grave

| accouchement | 출산 | tchoulssan |
| fausse couche | 유산 | yousan |
| femme enceinte | 임산부 | imsanbou |
| gynécologue | 산부인과 의사 | sanbou'inkkwa eui'sa |

| ovule | 난자 | *nandja* |
| --- | --- | --- |
| préservatif | 콘돔 | *kôndôm* |
| rapport sexuel | 성관계 | *song'kwankyé* |
| serviette hygiénique / tampon | 생리대 / 탐폰 | *sèng'nidè / tʰampʰôn* |
| stérilité | 불임 | *bourim* |
| utérus | 자궁 | *dja'goung* |
| vagin | 질 | *tchil* |

## Soins médicaux

*La médecine orientale*, 한의학 [hanihak], est devenue de plus en plus connue en Europe, par exemple l'*acupuncture*, 침술 [tchimsoul]. De façon générale, la médecine orientale examine la force vitale et la circulation des énergies humaines afin de traiter le problème fondamental du symptôme.

*Il faut opérer.*  *Il faut faire une radio.*
수술해야 해요.  X레이 촬영을 해야 해요.
*sou'soul hèya hèyo*  *ék'sseuré'i tchwaryong'eul hèya hèyo*

| anesthésie | 마취 | *ma'tchwi* |
| --- | --- | --- |
| auscultation | 청진 | *tchong'tchin* |
| échographie | 초음파 검사 | *tchô'eumpʰa gomsa* |
| hospitalisation | 입원 | *ibwon* |
| pansement | 밴드 | *bèndeu* |
| physiothérapie | 물리 치료 | *moul'li tchiryô* |
| piqûre | 주사 | *djousa* |
| plâtre | 깁스 | *kiᵖ'sseu* |
| pouls | 맥박 | *mèᵏ'ppaᵏ* |
| prise de sang | 혈액 검사 | *hyrèᵏ'kkomsa* |
| température | 체온 | *tché'ôn* |
| tension | 혈압 | *hyoraᵖ* |

CONVERSATION

## Chez le dentiste

*Cette molaire me fait mal.*
어금니가 아파요.
okeumniga apaʰyo
molaire avoir-mal

*Vous avez une carie.*
충치가 있어요.
tchoung'tchiga issoyo
carie avoir

| appareil dentaire | 치아 교정기 | tchi'a kyô'djong'ki |
| abcès | 종기 | djông'ki |
| dent | 치아* / 이 | tchi'a / i |
| dentiste | 치과 | tchi'kkwa |
| détartrage | 스켈링 | seukʰél'ling |
| gencive | 잇몸 | in'môm |
| plombage | 아말감 | amalgam |

\* langage soutenu

## Chez l'opticien

Au cas où vous en auriez besoin, vous pourrez vous faire faire une paire de lunettes de vue ou des lentilles de contact, l'opticien possède tout l'équipement nécessaire pour évaluer votre vue.

*Je voudrais faire faire des lunettes / réparer mes lunettes.*
안경을 맞추고 싶은데요 / 고치고 싶은데요.
ankyong'eul ma'tchougô chipʰeundéyo / gô'tchigô chipʰeundéyo
lunettes faire voudrais / réparer voudrais

| examen de la vue | 시력검사 | chiryokʼkkomsa |
| lentilles de contact | 콘텍트 렌즈 | kʰôntʰèk'tʰeu lén'djeu |
| lentilles de contact jetables | 일회용 렌즈 | ilhwéyông lén'djeu |
| monture | 안경테 | an'kyong'tʰé |
| œil droit | 오른쪽 눈 | ôreun'tsông noun |

| œil gauche | 왼쪽 눈 | wén'tsông noun |
|---|---|---|
| opticien | 안경사 | an'kyong'sa |
| solution pour lentilles de contact | 렌즈 용액 | lén'djeu yông'è$^k$ |
| verres | 안경알 | an'kyong'al |

## Pharmacie

Pour dire *prendre (un médicament)*, utilisez le verbe 복용하다 [bôkyônghada].

*Appliquez de la pommade.*
연고를 바르세요.
yon'gôreul bareu'séyo
pommade appliquer

*Prenez-le 3 fois par jour.*
하루 3 번 복용하세요.
harou sé bon bô'kyôngha'séyo
jour 3 fois prendre

| à jeun | 공복 | gôngbô$^k$ |
|---|---|---|
| avant le repas | 식전 | chi$^{k'}$tson |
| après le repas | 식후 | chik$^h$ou |
| antalgique | 진통제 | tchintông'djé |
| désinfectant | 소독약 | sôdông'nya$^k$ |
| laxatif | 변비약 | pyonpiya$^k$ |
| médicament / pharmacie | 약 / 약국 | ya$^k$ / ya$^k$'kkou$^k$ |
| médicament contre la diarrhée | 설사약 | solssa'ya$^k$ |
| médicament contre la fièvre | 해열제 | hèyol'tsé |
| médicament contre le rhume | 감기약 | gam'ki'ya$^k$ |
| médicament préventif contre le mal de mer | 멀미약 | molmiya$^k$ |
| pastilles pour la digestion | 소화제 | sôhwa'djé |
| vitamines | 비타민 | pit$^h$amin |

CONVERSATION

# Index thématique

**A**

Accident **85** ; **87**
Achats **137-139** ; **146**
Administration **111**
Aéroport **94**
Âge **66-67**
Aide **85** ; **124**
Allergies **130**
Ambassade **86** ; **111**
Amour **78**
Argent **92-93**
Arts martiaux **92** ; **115-116**
Autocar **95-97**
Avion **94-95**

**B**

Banque **92-93**
Bateau **97**
Blanchisserie-teinturerie **140-141**
Boissons **135-137**
Bus **104-106**

**C**

Camping **117**
Change **92-93**
Chaussures **140-142**
Coiffure **114-115**
Côntrole (douane) **88-91**
Corps (parties du ~) **153-154**
Couleurs **143**

**D**

Date **80-81**
Dentiste **156**
Deux-roues **99**
Devises (monnaies) **93** ; **112**
Douane **88-91**
Douleurs **152-153**

**E**

Entrée (en Corée) **88-91**
Entreprise **149-150**
Études **71**

**F**

Famille **67-69**
Faune **118-121**
Femme (santé) **154-155**
Flore **118**

**H**

Heure **79**
Hôtel (réservation) **122-123**
Hygiène (produits d'~) **126-127**

**I**

Informatique **110-111**
Infraction **85-86**
Internet **110-111**
Invitation **74-76**

## J
Jours de la semaine **80**
Jours fériés **83-84**

## L
Langues **62-63** ; **102**
Livres **139-140**
Lunettes **156-157**

## M
Magasin **137-139**
Marché (traditionnel) **107** ; **146**
Médecin **150-151**
Météo **72-73**
Métiers **70-71**
Métro **104-106**
Mois **80-81**
Musées, expos **106-107** ; **150**
Musique **113** ; **139-140**

## N
Nationalité **62**

## O
Opticien **156-157**

## P
Panneaux **88**
Passeport **88-91** ; **111**
Petit-déjeuner **124-126**
Pharmacie **157**
Photo **144-145**
Piscine/Plage **116-117**
Politesse **58** ; **75-77** ; **137**
Poste (courrier) **108**
Préparation (culinaire) **131-132** ; **134**
Présentations **63-65**
Problèmes (hébergement) **126-127**

## R
Régler (facture) **127**
Religions **71-72**
Rendez-vous **77-78** (pro) **147-148**
Réserver (hôtel) **122-123**
Respect **58** ; **63-65** ; **71** ; **75-79** ; **137** ; **147**
Restaurant **127-130**

## S
Saisons **72** ; **81**
Santé **150-157**
Salutations **57**
Sentiments **73-74** ; **78**
Services (hôtel) **124-125** ; (magasins) **137-139**
Soins médicaux **155**
Sorties **112-113**
Souvenirs (cadeaux) **146-147**
Spécialités (plats) **131-132**
Sports **115-116**
Station-service **87** ; **101**

## T
Tabac **143-144**
Taxi **97-98**
Téléphone **108-110**
Temps (météo) **72-73**
Toilettes **88**
Train **95-97**

**U**
Urgence **85**

**V**
Vélo **99**
Vêtements **141-142**
Vol (délit) **85-86**
Voiture **86-88** ; **100-102**

**W**
Wi-fi **110-111**
Won (monnaie coréenne) **93**

Coréen - N° édition : 3385
Achevé d'imprimer en février 2015
Imprimé en Slovénie